TDAH e medicalização

CIP - Brasil. Catalogação na fonte
Sindicato Nacional dos Editores de Livros, RJ

S575t

Signor, Rita
    TDAH e medicalização : implicações neurolinguísticas e educacionais do Déficit de Atenção/Hiperatividade / Rita Signor, Ana Paula Santana. – São Paulo: Plexus, 2016.
    208 p. : il.

    Inclui bibliografia.
    notas
    ISBN 978-85-92725-00-6

    1. Distúrbio do déficit de atenção com hiperatividade. 2. Crianças com distúrbio do déficit de atenção – Educação. 3. Neurolinguística. I. Santana, Ana Paula. II. Título.

16-33239   CDD: 618.928589
                                          CDU: 616.89-008.61

www.plexus.com.br

Compre em lugar de fotocopiar.
Cada real que você dá por um livro recompensa seus autores
e os convida a produzir mais sobre o tema;
incentiva seus editores a encomendar, traduzir e publicar
outras obras sobre o assunto;
e paga aos livreiros por estocar e levar até você livros
para a sua informação e o seu entretenimento.
Cada real que você dá pela fotocópia não autorizada de um livro
financia o crime
e ajuda a matar a produção intelectual de seu país.

TDAH e medicalização

Implicações neurolinguísticas
e educacionais do Transtorno de
Déficit de Atenção/Hiperatividade

RITA SIGNOR
ANA PAULA SANTANA

TDAH E MEDICALIZAÇÃO
Implicações neurolinguísticas e educacionais do Transtorno
de Déficit de Atenção/Hiperatividade
Copyright © 2016 by Rita Signor e Ana Paula Santana
Direitos desta edição reservados por Summus Editorial

Editora executiva: **Soraia Bini Cury**
Assistente editorial: **Michelle Neris**
Capa: **Alberto Mateus**
Imagem de capa: **Shutterstock**
Projeto gráfico e diagramação: **Crayon Editorial**
Impressão: **Sumago Gráfica Editorial**

Plexus Editora
Departamento editorial
Rua Itapicuru, 613 – 7º andar
05006-000 – São Paulo – SP
Fone: (11) 3872-3322
Fax: (11) 3872-7476
http://www.plexus.com.br
e-mail: plexus@plexus.com.br

Atendimento ao consumidor
Summus Editorial
Fone: (11) 3865-9890

Vendas por atacado
Fone: (11) 3873-8638
Fax: (11) 3872-7476
e-mail: vendas@summus.com.br

Impresso no Brasil

*Este livro é dedicado a Artur, Gabriel,
Gabriela, Guilherme, João Pedro,
Vinícius e a todos os que, como eles,
foram ou ainda são crianças.*

Sumário

PREFÁCIO 9

INTRODUÇÃO 17

1 ATENÇÃO: UM PROCESSO HISTÓRICO-CULTURAL 21

2 ENTENDENDO O TDAH 31

A constituição histórica do diagnóstico de TDAH 31

Aspectos neurobiológicos relacionados à atenção e ao TDAH 45

3 MEDICALIZAÇÃO, TDAH E PATOLOGIA DA ATENÇÃO 55

TDAH: doença ou estratégia de controle social? 55

O normal e o patológico 60

Patologia da atenção 71

4 TDAH E LINGUAGEM 75

A linguagem oral 75

TDAH e linguagem oral 78

A clínica da linguagem com crianças com diagnóstico de TDAH 82

TDAH e dificuldades de leitura e escrita 87

Terapia em grupo voltada à promoção do letramento 97

5 O TDAH NO CONTEXTO EDUCACIONAL 105

O TDAH nas políticas educacionais 105

TDAH: um transtorno que se constrói na escola? 110

Escola, família e valores morais 117

A fonoaudiologia na educação e no contexto da despatologização 120

6 COMO O TDAH SE CONSTRÓI: RELATO DE CASOS 131

A história de Susi 131

A história de Miguel 160

CONSIDERAÇÕES FINAIS 187

NOTAS 193

REFERÊNCIAS 199

Prefácio

RITALINA, CONCERTA E VENVANSE são medicamentos indicados para o tratamento de Transtorno de Déficit de Atenção/ Hiperatividade (TDAH). Segundo Nota Técnica a respeito do consumo de psicofármacos no Brasil, produzida pelo Fórum sobre Medicalização da Educação e da Sociedade*, o uso desses medicamentos aumentou consideravelmente nos últimos anos. A Ritalina, o mais conhecido e indicado, teve um aumento no consumo de mais de 180% em quatro anos: de 58.719 caixas em outubro de 2009 para 108.609 caixas em outubro de 2013. E há um padrão em seu uso durante o ano: observa-se aumento até o mês de outubro e quedas acentuadas nos meses de janeiro e dezembro. Tais períodos coincidem, no processo formal de educação brasileira, com as avaliações que vão definir se o estudante será aprovado ou não no ano letivo em que se encontra (segundo semestre com ênfase no mês de outubro) e com as férias escolares (dezembro e janeiro). Essa análise mostra que os maiores consumidores de Ritalina e derivados são crianças e jovens em processo de escolarização.

O TDAH e seu tratamento medicamentoso não são consenso na área da saúde. Existem muitas polêmicas em torno não só da existência do suposto transtorno neurológico como da terapêutica

---

* Nota técnica: "O consumo de psicofármacos no Brasil", dados do Sistema Nacional de Gerenciamento de produtos controlados ANVISA (2007-2014) – Fórum sobre Medicalização da Educação e Sociedade, jun. 2015.

medicamentosa como principal via para resolver os males que esse transtorno causaria. Percebe-se que essas polêmicas influenciaram, inclusive, os textos da bula do medicamento, segundo Massmann e Fernandes (2015)**. Para as autoras, a bula da Ritalina traz informações, sobretudo para o paciente, que extrapolam o conhecimento acerca do medicamento, se consideradas as determinações normativas da Agência Nacional de Vigilância Sanitária (Anvisa).

O medicamento é indicado para o tratamento de TDAH e também de narcolepsia. No entanto, há uma nítida discrepância de informações entre as duas indicações na bula. Enquanto um parágrafo dedica-se a falar sobre a ausência de evidências de pacientes com TDAH viciados em Ritalina ou que tendam a abusar de drogas durante a vida – ainda que nenhuma menção de estudos sobre essas evidências seja feita –, sequer uma linha é dirigida à mesma questão para os pacientes com narcolepsia. Enquanto a informação contida na embalagem – "Venda sob prescrição médica" – parece ser suficiente para os pacientes com narcolepsia, pois não há retomada dessa informação na bula, para os pacientes com TDAH há novamente uma menção especial ao fato, na página 2: "A Ritalina, como todos os medicamentos que contêm estimulantes do sistema nervoso central, será prescrita a você apenas sob supervisão médica próxima e após diagnóstico adequado".

Para as autoras, a diferença no modo como são fornecidas as informações deve-se fundamentalmente às opiniões divergentes sobre a conduta medicamentosa e medicalizante no tratamento de TDAH, que existem tanto na esfera científica, entre profissionais da saúde de diferentes áreas, quanto na cotidiana, entre profissionais e familiares de crianças com o transtorno. A bula,

---

** FERREIRA; A. C.; MASSMANN, D. "'O que devo saber antes de usar este medicamento?' Efeitos de uma polêmica nas bulas da Ritalina ®". In: BARROS; R. C.; MASINI, L. (orgs.). *Sociedade e medicalização*. Campinas: Pontes, 2015, p. 95-110.

TDAH E MEDICALIZAÇÃO

assim, mais do que informar sobre o medicamento, tem se posicionado diante da polêmica que o envolve, buscando convencer seu público-alvo da eficácia sem danos do uso do fármaco. Mas não só a bula, na forma como constrói seu discurso, revela tal preocupação. Também o Sistema Nacional de Gerenciamento de Produtos Controlados (SNGPC) reconheceu a importância do tema e dedicou um número de seu *Boletim de Farmacoepidemiologia**** a esse fim, com a justificativa de "contribuir para uma reflexão sobre o uso saudável de medicamentos no país, apontar possíveis distorções e dar transparência aos dados do SNGPC gerenciados pela Anvisa".

E são curiosas algumas observações se tomadas no "conjunto da obra". A primeira está na embalagem do produto, que traz a tarja preta e as informações: "Venda sob prescrição médica. Atenção: pode causar dependência física ou psíquica". Cabe lembrar que, conforme vimos, a bula explicita que não há evidências de dependência do paciente (com TDAH) em relação ao medicamento. Assim, as informações da caixa e da bula parecem ser contraditórias. Erro do redator? Evidentemente, não. A Anvisa exige que as informações a respeito do medicamento e seus componentes ativos sejam fornecidas tanto para quem prescreve a droga quanto para quem a consome. Então, seria um erro do laboratório, passível de punição severa, não mencionar a possibilidade de um ou outro efeito colateral, sobretudo porque estamos falando de um medicamento prescrito principalmente para crianças e jovens diagnosticados com um transtorno que não é consenso na área médica. Então, como tornar o consumo desse medicamento seguro?

A análise da construção dos enunciados trazidos na embalagem sugere a intenção de convencer o paciente a consumir o remédio sem, no entanto, deixar de alertá-lo para o mal que ele *pode causar*. Na caixa, o uso da forma verbal "pode" antes do

---

*** *Boletim de Farmacoepidemiologia*, ano 2, n. 2, jul.-dez 2012.

verbo "causar" relativiza o problema, pois abre o leque de probabilidades. Ao dizer que "pode causar dependência", o alerta foi dado e, de certo modo, isso isenta o laboratório de responsabilidade por possíveis problemas causados ao paciente, na medida em que ele "informa" sobre os danos, ainda que de modo relativo. O enunciado na bula do paciente, por sua vez, procura neutralizar a informação da caixa, ao citar que não há evidências da dependência. Há aí um suposto saber científico, uma vez que falar em "evidências" nesse contexto é falar de resultados de pesquisas, ainda que nenhuma delas tenha sido citada ou apresentada. Cabe então ao consumidor decidir fazer uso ou não do medicamento. Ao optar pelo sim, ele assume também a responsabilidade sobre as consequências, já que foi "devidamente" informado sobre os riscos pelo laboratório farmacêutico.

Outras duas curiosidades dizem respeito à classificação de riscos. Há os relacionados ao uso durante a gravidez – e os ligados à condução de veículos, aqueles decorrentes de efeitos colaterais ou reações adversas que afetam a concentração do consumidor que guia após o uso do medicamento.

As observações são curiosas porque estamos falando de um medicamento destinado sobretudo a pacientes ainda em fase de desenvolvimento – crianças a partir de 6 anos. Se há riscos para o feto, não haveria para corpos ainda em formação?

Mas o mais curioso está no parágrafo que finaliza o boletim. Ali, o SNGPC questiona se o uso do medicamento está sendo feito de forma adequada, ou seja, se está sendo indicado para os pacientes corretos, na dosagem e nos períodos certos. A pergunta se justifica pelo fato de o princípio ativo do remédio – metilfenidato – ter sido difundido nos últimos anos, inadequadamente, como a "droga da obediência", sendo associado à melhora do desempenho de crianças, adolescentes e adultos. O texto do boletim admite que, em muitos países, o metilfenidato tem sido usado para moldar crianças, pois "é mais fácil modificá-las que ao ambiente". E complementa:

TDAH e medicalização

Na verdade, o medicamento deve funcionar como um adjuvante no estabelecimento do equilíbrio comportamental do indivíduo, aliado a outras medidas, como educacionais, sociais e psicológicas. Nesse sentido, recomenda-se proporcionar educação pública para diferentes segmentos da sociedade sem discursos morais e sem atitudes punitivas, cuja principal finalidade seja contribuir com o desenvolvimento e a demonstração de alternativas práticas ao uso de medicamentos. (2012, p. 13)

Indicado corretamente ou não, o fato é que o consumo de metilfenidato – sendo 92% das vendas no país controladas por um mesmo laboratório – é um ótimo negócio para a indústria farmacêutica. Somente no ano de 2011, as famílias brasileiras gastaram 28,5 milhões com o medicamento. E os dados fornecidos pela Anvisa indicam que a tendência para os próximos anos é de manutenção do consumo elevado da Ritalina e similares.

Que outra justificativa que não a econômica poderia sustentar a manutenção desse consumo se o próprio órgão que controla o produto sugere que se desenvolvam alternativas práticas no campo educacional ao uso do medicamento? O TDAH é de fato uma doença ou uma (não tão nova) forma de controle social?

Foi em meio a essa sempre acalorada discussão que chegou a minhas mãos o livro de Ana Paula Santana e Rita Signor. Ele vem para provar que o assunto é de responsabilidade de todos os profissionais que lidam com crianças e jovens em fase escolar, sejam eles prescritores do medicamento ou não. E, ainda, que não é mais possível nos esquivarmos desse debate.

Fonoaudiólogas de formação e profissão, Ana Paula e Rita trazem o tema para a área fonoaudiológica, na qual o debate ainda é incipiente, e alertam: é preciso assumir um lado, com conhecimento e reflexão sobre o que se diz. E é a isso que este livro se propõe, um mergulho em questões fundamentais para que profissionais da área da saúde e da educação possam não só se posicionar em relação ao TDAH, mas também atuar com responsabilidade diante dos indivíduos identificados como portadores desse transtorno.

Ao abordar a atenção da perspectiva histórico-cultural, as autoras já anunciam que o modo como olham para o transtorno de atenção – e convidam o leitor a olhar também – não se restringe ao indivíduo e a seus aspectos orgânicos. Trata-se de um olhar que incide no sujeito e em sua constituição histórica e social. Analisar a atenção, e consequentemente qualquer perturbação nela, passa, portanto, por analisar os interesses, necessidades e objetivos do sujeito em questão. Passa por conhecer sua história, suas peculiaridades, seus projetos de presente e de futuro. Passa, ainda, por compreender como se deram suas parcerias ao longo da vida, tanto no ambiente familiar quanto no escolar e nos contextos sociais mais amplos.

Tal análise não deixa o indivíduo que sofre por suas perturbações de atenção sem assistência, como alguns fazem supor. Ao contrário, abre a possibilidade de estabelecer uma rede de cuidados que envolva diferentes agentes representativos dos contextos em que o sujeito está inserido, tudo em prol do acolhimento desse sujeito e da promoção de relações sociais mais saudáveis. Assim, agitação, desatenção, indisciplina e agressividade – manifestações mais comuns citadas pelos profissionais e pais de crianças e jovens candidatos ao diagnóstico de TDAH – não são nem podem mais ser vistos como sintomas inerentes a um corpo físico que precisa sobretudo ser medicado. Sabemos quanto essa visão medicalizante de atribuir a aspectos orgânicos a explicação para diferentes manifestações confere ao indivíduo a responsabilidade não só por seu problema como por sua superação. A principal conduta nessa perspectiva é a medicamentosa, o que acaba por isentar a todos de um cuidado coletivo.

Não fosse o TDAH por si só um problema, pelo modo como vem sendo identificado em nossas crianças, o fato ganha proporção ainda maior quando o transtorno é tomado como responsável pelas dificuldades de aprendizagem dos pequenos. Se antes tínhamos a desnutrição como causa do fracasso dos estudantes, agora temos o TDAH. Mudou a causa, mas não o modo medicalizante de pensar. É desse círculo vicioso que precisamos sair.

TDAH e medicalização

Ao apresentar os casos de Susi e Miguel, as autoras mostram como um diagnóstico se constrói não necessariamente com base em avaliações rigorosas, mas sim em estigmas e representações sociais negativas. E, ao demonstrarem como subjetividades se fixam nesse diagnóstico, instaurando o sofrimento do sujeito com seus modos de aprender, convocam os profissionais da interface saúde/educação, sobretudo os fonoaudiólogos, a mudar o rumo dessa história.

Assim, *TDAH e medicalização: implicações neurolinguísticas e educacionais do Transtorno de Déficit de Atenção/Hiperatividade* é leitura obrigatória.

Lucia Masini
Fonoaudióloga, docente da Pontifícia
Universidade Católica de São Paulo (PUC-SP)
e diretora da Associação Palavra Criativa

Introdução

O Transtorno de Déficit de Atenção/Hiperatividade (TDAH) interessa a várias áreas: neurologia, psiquiatria, pediatria, psicologia, ciências cognitivas, fonoaudiologia, linguística, educação e psicopedagogia, entre outras. Embora se trate de um diagnóstico psiquiátrico (ou neuropsiquiátrico), suas implicações transcendem a clínica psiquiátrica e até mesmo a neurológica, pois tem consequências para a vida social e educacional dos estudantes.

Tomando por escopo o olhar fonoaudiológico, este livro discute os aspectos neurolinguísticos, clínicos e educacionais atrelados à produção do chamado TDAH. A fonoaudiologia é uma das áreas do conhecimento que participam desse debate, sobretudo porque as queixas relacionadas aos alunos que têm diagnóstico de TDAH surgem, quase sempre, na escola. Considerando que um dos objetivos da fonoaudiologia educacional é otimizar o processo de ensino e aprendizagem, favorecendo, junto com a equipe pedagógica, um processo educacional inclusivo, as implicações do diagnóstico de TDAH também passam a ser do interesse dessa área.

Quanto ao contexto clínico, cada vez mais deparamos com uma grande procura por atendimento fonoaudiológico para crianças e adolescentes que, por não atenderem às expectativas da escola em relação ao desenvolvimento das habilidades de leitura e escrita, são encaminhados à avaliação com profissionais da área de saúde e acabam recebendo o diagnóstico de TDAH.

As reclamações dos professores, em geral, marcam questões comportamentais, de atenção e de aprendizagem: "Não consegue permanecer sentado por muito tempo"; "Pede para sair da sala constantemente"; "Mostra-se distraído"; "Seu olhar está sempre distante"; "Não se engaja nas atividades"; "Não copia do quadro"; "Faltam letras e acentos"; "Seus textos não têm sentido"; "Tem dificuldade de aprender"; "Não consegue ler"; "Ninguém quer fazer trabalho em grupo com ele" etc. Esses relatos muitas vezes sustentam a prescrição de medicamentos para o controle da "hiperatividade", da "impulsividade" e da "desatenção", "sintomas" característicos do que se conhece *tradicionalmente* por TDAH.

A quantidade de pessoas que tem recebido o diagnóstico vem crescendo de forma bastante acentuada, o que pode ser constatado ao observarmos o aumento no consumo de medicamentos. Trata-se de um problema relevante, que demanda amplo investimento em pesquisas nas áreas de saúde e educação a fim de que se implantem alternativas para a superação da excessiva (e crescente) medicalização de escolares. Afinal, por que o Brasil está entre os últimos no *ranking* da educação e entre os primeiros no uso do metilfenidato[1]? Por que, mesmo ingerindo comprimidos que teriam por finalidade "controlar"[2] a atenção e o comportamento, continuamos presos ao fato de que as crianças são "desatentas", "desinteressadas", "hiperativas" e, além disso, têm "dificuldade" de aprender? Poderia um medicamento resolver o problema da educação?

Os estudos na área são abrangentes, sendo possível observar duas principais tendências teórico-metodológicas que tentam explicar o chamado TDAH. De um lado, estão muitos pesquisadores ("organicistas") que tomam o TDAH como um transtorno de origem (neuro)biológica, de provável base genética, responsável pelo aparecimento de sintomas de impulsividade, hiperatividade e desatenção. De outro, estão pesquisadores da corrente histórico-cultural que veem nesse diagnóstico um processo de medicalização da educação, isto é, de transformação de questões de ordem social, educacional, política e afetiva em problemas de ordem da saúde.

Em suma, a discussão sobre o TDAH está baseada principalmente em dois paradigmas antagônicos. Um deles, o positivista (*dominante*), busca legitimar sintomas e doenças decorrentes de supostos aspectos orgânicos. A "contracorrente", por sua vez, está representada por um grupo de profissionais (médicos, psicólogos, fonoaudiólogos, educadores) que baseia suas discussões sobre o TDAH nos conceitos de medicalização e patologização[3], entendendo que possíveis "sintomas" são construídos mediante a inserção do sujeito nas práticas sociais.

Ou seja, caberá ao leitor ser cúmplice ou crítico de uma dessas correntes. Ambas se baseiam em evidências científicas, mas têm interpretações completamente distintas sobre a realidade. Diante dessas considerações, cabem aqui as seguintes perguntas: quais são os conceitos de "atenção", de "comportamento" e de "normalidade" que embasam cada uma dessas visões? Por que o paradigma organicista/positivista é o dominante? Por que a quantidade de alunos com diagnóstico de TDAH vem aumentando de forma assustadora? Quais são as implicações desse diagnóstico para as questões subjetivas, linguísticas, interacionais e educacionais?

Esta obra visa discutir as implicações do processo diagnóstico para a educação e para a clínica fonoaudiológica. Afinal, determinadas ações no contexto clínico e educacional podem ajudar a modificar a exclusão acentuada de crianças com diagnóstico de TDAH, sendo possível, assim, minimizar o fenômeno da patologização.

Para tanto, as temáticas apresentadas dividem-se em duas partes: uma mais teórica, que trata da história e do diagnóstico de TDAH, da função atentiva e de seus desdobramentos e do TDAH no contexto educacional e clínico. Embora nesses capítulos apresentemos alguns episódios dialógicos[4] e relatos de pessoas com diagnóstico de TDAH, de docentes e familiares, é na segunda parte, ao final do livro, que descrevemos dois casos de crianças com esse diagnóstico. Nesses casos, os leitores poderão acompanhar a construção e os *efeitos* do processo de medicalização para a constituição da subjetividade, da socialização e da aprendizagem dessas crianças.

1 Atenção: um processo histórico-cultural

EM 1890, WILLIAM JAMES, em trabalho pioneiro, afirmava que, embora poucos a tenham conceituado, "todos conhecem o que é atenção" – que tem como essência a focalização, a concentração e a consciência. O autor, nessa época, já descrevia vários subtipos de atenção, demonstrando que ela é multifacetada.

Quase cem anos depois, Luria (1991, p. 1) define "atenção" como a seleção da informação necessária: "O asseguramento dos programas seletivos de ação e a manutenção de um controle permanente sobre elas são convencionalmente chamados de atenção".

As áreas cerebrais relacionadas à atenção foram retratadas por Luria no final do século XX. O autor descreveu a porção superior do tronco encefálico, a região frontal, o córtex límbico e a formação reticular como importantes no processo de atenção.

Em concordância com Luria, as novas pesquisas do século XXI afirmam que participam desse processo os colículos superiores e *locus coeruleus*, ambos presentes na região súpero-posterior do tronco encefálico. Ou seja, temos agora um refinamento de áreas que participam do processo de atenção, uma vez que o *locus coeruleus* se encontra na região dorsal do tronco encefálico, na região da ponte, classificando-se como um dos núcleos da formação reticular. O córtex límbico, para Luria, relacionava-se apenas às regiões do lobo límbico, ou seja, córtex do cíngulo, para-hipocampal e do hipocampo. Atualmente, relacionam-se outras áreas corticais e subcorticais ao comportamento emocional. Assim, as regiões envolvidas no processo de atenção seriam as corticais do giro do cíngulo anterior e da ínsula (Gonçalves e Melo, 2009).

No que concerne à correlação entre áreas cerebrais e funções cognitivas, Luria (1970) já explicava que as funções psicológicas superiores (linguagem, memória, atenção, percepção) seriam de tal modo complexas que representariam sistemas funcionais organizados (sociais em sua origem). Ou seja, nenhuma tentativa de localizá-las em áreas circunscritas do córtex cerebral seria concebível.

Essa hipótese foi desenvolvida pelo autor logo após a Segunda Guerra Mundial e implicava dois pontos importantes. Primeiro, a comprovação empírica (neurorradiológica) de que a lesão em uma área delimitada do cérebro, da qual decorre uma alteração de comportamento, não indica que a área afetada seja o centro da função afetada. Segundo, a comprovação neurobiológica de que há importantes conexões entre as diferentes partes do cérebro na construção das atividades complexas, como a linguagem ou a memória. Partindo desses dois pontos, pode-se concluir que a organização funcional do cérebro é concebida como uma combinação dinâmica de sistemas complexos de áreas cerebrais que têm fins específicos e interconexões múltiplas.

Influenciado pelas ideias de Vigotski, Pavlov e Anokhin, Luria desenvolve nessa época (emprestando o termo utilizado por Anokhin em 1935) o conceito de sistema funcional complexo, o que marca um avanço significativo na discussão em torno da localização das funções em áreas corticais discretas. Cada função é, na realidade, um sistema funcional destinado a cumprir uma tarefa biológica determinada e assegurada por um complexo de atos intervinculados que, ao final, conduzem ao sucesso de um efeito biológico correspondente. Tais sistemas funcionais, de composição complexa e mutabilidade plástica de seus elementos, possuidores da propriedade dinâmica da autorregulação, são regra geral na atividade do organismo humano.

Para exemplificar, Luria cita a respiração como atividade que requer a participação dos diversos níveis do sistema nervoso central. O autor diz que a respiração constitui um sistema complexo e plástico, sendo evidente que não pode existir nenhum tipo de localização dessa função em uma área delimitada do cérebro.

Assim, as funções cognitivas superiores só podem existir graças à interação de estruturas cerebrais altamente diferenciadas, cada uma das quais faz um suporte específico ao todo dinâmico e participa do funcionamento do sistema córtico-cognitivo, cumprindo funções determinadas. Luria ressalta ainda a importância de considerar o conceito de "dupla dissociação" estabelecido por Teuber, que afirma que existiriam processos ou fatores comuns subjacentes a determinadas funções cognitivas complexas – de modo que esses, ao se alterarem, afetariam todos os sintomas funcionais que as incluem. Isso explica porque os processos de conduta que aparentemente nada têm em comum podem estar relacionados por meio de sua dependência do fator ou processo específico. Assim, uma lesão limitada conduz, na prática, à alteração de um complexo íntegro de funções aparentemente heterogêneas (Santana, 2002).

Conceber a atenção como um sistema funcional complexo é partir do pressuposto de que existem vários fatores e aspectos que contribuem para a função da atenção. Segundo Luria (1991), se não houvesse uma seleção de estímulos, a quantidade de informação seria tão grande e desorganizada que nenhuma atividade consciente seria possível. Em toda atividade deve haver uma seleção dos processos dominantes, que constituem o foco da atenção no momento, e a existência de um "fundo" formado por processos que podem vir a se tornar dominantes, ocupando o centro da atenção/ação.

Luria distingue a atenção em três processos: *volume, estabilidade* e *oscilações*. O *volume* representa a quantidade de estímulos recebidos que podem ser conservados no centro da atenção, assumindo caráter dominante. A duração com que esses processos ocupam o centro da ação é chamada de *estabilidade*. As *oscilações* da atenção, por sua vez, representam o caráter cíclico da atenção, na medida em que existe alternância nos processos de dominância: ora determinado estímulo está no foco da atenção, ora não está.

Quanto aos aspectos determinantes da atenção, Luria apresenta dois grupos de fatores que garantem o caráter seletivo dos processos psíquicos, determinando sua orientação, seu volume e sua estabilidade. No primeiro grupo estão os motivos que representam a estrutura dos estímulos externos (campo exterior) que rodeiam o indivíduo. O segundo grupo se constitui pela estrutura dos estímulos internos, que representam a atividade do próprio sujeito (campo interno) e são influenciados pelos *interesses*, *necessidades* e *objetivos* do sujeito. Assim, um homem que se interesse por futebol poderá distinguir, dentre todos os estímulos que lhe chegam, aquele que se relaciona ao esporte. Nesse caso, o interesse é o que faz que algum sinal seja o dominante, enquanto os outros se tornam secundários. Muitas vezes, a atenção é guiada pelas necessidades, tais como a realização de uma prova, a leitura de um livro para posterior elaboração de uma resenha, uma reunião de trabalho etc.

Outro princípio que rege os processos da atenção é o da automatização, que pode ser exemplificado por meio da atividade de dirigir um carro. Durante o processo de aprendizagem, boa parte da atenção é dirigida aos movimentos dos pés e das mãos; toda a atividade é sentida na íntegra até que seja automatizada. Enquanto as ações isoladas não se automatizam, a execução de cada uma delas acaba sendo um objetivo de certa parte da atividade e atrai a atenção. Quando a atividade se torna automática, certas operações não atraem mais a atenção e passam a se desenvolver de forma praticamente inconsciente, ao passo que o objetivo fundamental continua consciente. A atenção do homem se constitui pela estrutura de sua atividade,

TDAH e medicalização

refletindo o seu processo e lhe servindo de mecanismo de controle. Tudo isso faz da atenção um dos processos mais relevantes da atividade consciente (Luria, 1991).

Uma inversão do princípio da automatização pode ocorrer em situações monitoradas. Assim, a pessoa que fala em uma entrevista pode modificar sua variedade linguística habitual, pois uma atividade "automática" (a fala) passa a ser alvo da consciência. Dessa maneira, a maior ou menor simetria entre os falantes, a situação *mais* ou *menos* formal (o contexto de fala), o assunto e a audiência são capazes de alterar padrões estabelecidos, o que leva a entender que as interações relacionais (o que digo, para quem e em que situação) interferem no processo da atenção.

Quanto aos tipos de atenção, Luria distingue a *arbitrária/voluntária* e a *involuntária*. A última se refere ao direcionamento do sujeito a um sinal forte, novo ou interessante/necessário. Desse modo, se o telefone toca, a atenção é atraída para ele. Os mecanismos desse tipo de atenção são similares no homem e no animal e já aparecem na criança na mais tenra idade.

Os processos da atenção involuntária são nítidos nas primeiras semanas de vida da criança. Assim, podem ser observados sinais de manifestação do reflexo orientado quando o bebê fixa o olhar em um objeto ou interrompe a sucção durante a mamada em decorrência de algo que lhe chamou a atenção.

Em princípio, a atenção involuntária representa apenas um reflexo dirigido a estímulos fortes ou novos, que atraem o olhar. Mas alguns meses depois, quando o bebê se volta para a manipulação dos objetos, a atenção torna-se complexa. Nessa fase inicial, porém, a atenção é muito instável, na medida em que o bebê facilmente desvia a atenção e a direciona a outro objeto que porventura apareça em sua frente (Luria, 1991).

A atenção arbitrária, por sua vez, é um processo que se desenvolve por meio da interação social mediada pela linguagem. A criança se volta para os objetos, ainda nomeados pelo outro, até que seja capaz de, por si só, nomear e deslocar sua atenção de maneira voluntária. Esse processo, além de social, é cultural, na medida em que o outro direciona a atenção da criança para os objetos de sua *cultura* (Luria, 1991).

Vale aqui uma ressalva para um aspecto cultural do processo atentivo. Um grupo de sujeitos pertencentes à mesma cultura dirige a atenção de certo modo e não de outro. Isso leva a entender porque olhos azuis não chamam tanta atenção na Alemanha ou na Áustria, mas são muito atraentes em países da África e da Ásia. Do mesmo modo, cabelos azuis, verdes e roxos podem passar despercebidos na Austrália, mas atrair a atenção de povos que não estejam habituados a tanta diversidade. Pessoas do mesmo sexo caminhando de mãos dadas quase sempre ficavam em evidência, mas em decorrência da "naturalização" das relações homossexuais não são mais alvo de tanta atenção. Entende-se, assim, que o fator histórico-cultural é parte inerente da atenção voluntária.

No que diz respeito ao desenvolvimento da atenção no decorrer da experiência humana, Luria explica que a questão mais relevante do processo atentivo é o desenvolvimento das formas superiores de atenção, aquelas arbitrariamente reguláveis. De início, estas se manifestam por meio de reações à fala dos outros. Assim, ao dizer "Dá a bola!", o adulto desperta na criança uma reação orientada genérica, que só se concretiza se for acompanhada de uma ação desse outro. Nos primeiros meses de vida, a atenção da criança só é atraída se o objeto estiver no seu campo de visão.

Apenas ao fim do primeiro ano de vida é que a nomeação do objeto ou a instrução verbal do outro começa a despertar uma ação orientadora e reguladora. Nessa fase, a criança já tem condições de procurar o objeto mesmo que não esteja no seu campo de visão. No entanto, segundo Luria (1991), a atenção da criança ainda é muito instável diante da fala do adulto. Se o pai, por exemplo, pede determinado objeto à criança, ela pode se dirigir a ele, mas se antes encontrar outro objeto, que esteja

TDAH e medicalização

mais próximo ou seja mais atrativo, rapidamente se "esquece" do pedido do pai.

Por volta de 1 ano e meio-2 anos, apesar de já ter a atenção um pouco mais estável, a criança atende ao pedido do adulto – por exemplo, apertar uma bolinha – desde que a bolinha esteja em suas mãos. No entanto, quando o adulto lhe pede que pare de apertar, ela não consegue inibir a ação e continua a realizar o movimento. Apenas por volta de 2 anos e meio a atenção se estabiliza, embora nessa fase ela também perca rapidamente seu significado regulador. Luria exemplifica tal afirmação com uma instrução dada à criança: "Me dá a moeda que está embaixo da xícara!" Se a criança viu a moeda ser escondida, atenderá à instrução; caso contrário, a atenção reguladora da criança será frustrada e ela interagirá com os objetos à sua frente, sem se preocupar em atender ao pedido do adulto.

Os limites da influência reguladora da atenção podem ser observados com melhor nitidez diante de pedidos mais complexos. Quando o adulto diz "Quando acender a luz aperte a bola", a criança responde apenas a fragmentos da instrução. Assim, quando ouvir "acender a luz" procurará a luz; quando ouvir "aperte a bola", começará a apertar a bola (Luria, 1991). Para o autor, aos 3 anos de idade, a fala do outro, completada pela própria linguagem da criança, torna-se um fator que conduz solidamente a atenção desta.

Tomasello (2003), baseado nos estudos de Luria e Vigotski, realiza pesquisas para analisar o papel da atenção no desenvolvimento da linguagem da criança. O autor tem apontado os efeitos da transmissão social para a cognição humana, vista aqui como uma cognição cultural. Nessa transmissão cultural, a atenção conjunta tem um impacto considerável no controle das intenções e da compreensão. Sem a atenção conjunta, que representa atividades dirigidas para um mesmo objeto, seria impossível desenvolver a linguagem (Plateau, 2006). Do mesmo modo, sem a linguagem não seria possível desenvolver a atenção voluntária.

Assim, a atenção arbitrária é fruto de um processo de desenvolvimento complexo, que tem íntima relação com a linguagem. Nos termos de Luria (1991, p. 35):

> As fontes desses desenvolvimentos são as formas de comunicação da criança com o adulto, sendo o fator fundamental que assegura a formação da atenção arbitrária representada pela fala, que é inicialmente reforçada por uma ampla atividade prática da criança e em seguida diminui paulatinamente e adquire o caráter de ação interior, que media o comportamento da criança e assegura a regulação e o controle deste.

A constituição da atenção arbitrária permite a compreensão das formas interiores dessa complexa maneira de organização da atividade consciente do homem, que desempenha função decisiva em toda a sua vida psíquica (Luria, 1991). Segundo o autor, por volta dos 4-5 anos de idade, as crianças já conseguem se ater e responder a ordens verbais mais complicadas, como "Quando avistar o quadrado aperte o botão, se avistar o triângulo não aperte o botão". Desse modo, a ordem verbal já é capaz de orientar de forma bastante sólida a atenção, manifestando *influência reguladora estável*.

Cabe dizer, no que se refere aos "tipos de atenção", que existem vários deles propostos na literatura. Hernández (2008) apresenta e distingue dois tipos: a *atenção seletiva* (processo em que se presta atenção a estímulos relevantes, ignorando os outros) e a *atenção sustentada* (capacidade de manter uma resposta consistente durante uma atividade continuada e repetida por tempo determinado). Esses dois processos, que no entender de Luria se chamam "atenção voluntária" ou "atenção arbitrária", coordenam atividades como memória, motivação e adaptação ao meio ambiente, entre outros.

Hernández (2008) afirma ainda que dos 6 aos 12 anos de idade há um incremento considerável do tempo de atenção nas atividades em que a criança se envolve; a partir dos 12 anos de idade, os processos atentivos são bem similares aos dos adultos.

TDAH e medicalização

Mas, perguntamos aqui, a atenção atingiria um platô na idade adulta? Ainda, há mudanças nos processos atentivos no decorrer da experiência humana? Há declínio da função atentiva no envelhecimento?

Quanto à atenção no idoso, Zanto e Gazzaley (2014) afirmam haver grande heterogeneidade nessa população em relação aos processos cognitivos: enquanto alguns apresentam declínio da função atentiva, outros estão em pé de igualdade com os adultos mais jovens. Porém, os autores alertam que muitas pesquisas com idosos se sustentam em tarefas que exigem baixa demanda cognitiva. Experimentos que requerem maior desempenho da cognição acabam evidenciando declínio nas funções atentivas seletiva e sustentada. Nesses estudos, não está evidente como os processos são afetados pela idade.

O que se sabe é que mecanismos neurais compensatórios, particularmente no córtex pré-frontal, ajudam a explicar a manutenção de certas habilidades no envelhecimento. No entanto, não está claro que processos são ajudados por essa compensação e também por que esses mecanismos não conseguem compensar declínios nos processos atencionais em atividades que demandam alto desempenho cognitivo (Zanto e Gazzaley, 2014).

Felizmente, o cérebro mais velho mantém a plasticidade neuronal, e exercícios cognitivos podem ajudar a reduzir os efeitos da idade sobre a atenção. De forma curiosa, muitos estudos têm mostrado como as atividades laborais executadas durante a vida repercutem em benefícios para as habilidades atencionais no envelhecimento, sobretudo no que diz respeito às habilidades específicas que eram utilizadas durante as atividades desempenhadas anteriormente (Zanto e Gazzaley, 2014).

Assim, embora os estudos apontem modificações estruturais nos processos de atenção no transcorrer da idade, sabemos também que as práticas sociais podem atenuar a degeneração cerebral decorrente do envelhecimento, promovendo, assim, um melhor desempenho cognitivo para os idosos.

Entender como a atenção é construída no decorrer das vivências sociais e como ela se modifica ao longo do tempo e diante da cultura e da infinidade de experiências que assolam a vida em sociedade é compreender o seu caráter histórico-social. Esse conhecimento é relevante para desenvolver processos analíticos e reflexivos em torno de pesquisas que correlacionam de maneira direta cérebro e atenção.

2 Entendendo o TDAH

A CONSTITUIÇÃO HISTÓRICA DO DIAGNÓSTICO DE TDAH

De modo geral, existem duas visões mais divulgadas sobre o Transtorno de Déficit de Atenção/Hiperatividade (TDAH): a organicista (dominante) e a histórico-cultural (a que adotamos neste livro). A visão hegemônica entende o TDAH como

> um transtorno neurobiológico, de causas genéticas, que aparece na infância e frequentemente acompanha o indivíduo por toda a sua vida. Ele se caracteriza por sintomas de desatenção, inquietude e impulsividade. Ele é chamado às vezes de DDA (Distúrbio do Déficit de Atenção). Em inglês, também é chamado de ADD, ADHD ou de AD/HD. (Site da Associação Brasileira do Déficit de Atenção).

Para alguns pesquisadores que consideram o transtorno uma condição biológica do sujeito, haveria um aporte insuficiente de determinados neurotransmissores (dopamina, noradrenalina) ao cérebro, o que ocasionaria uma disfunção cerebral[5]. Savgolden *et al.* (*apud* Barkley, 2006) explicam que o hipofuncionamento dos circuitos dopaminérgicos no cérebro geraria os sintomas do TDAH.

Para que se compreenda como a visão organicista se construiu, é relevante percorrer a história do TDAH, e, por meio dela, entender o raciocínio que perpassa os estudos pautados na corrente positivista.

Uma das primeiras referências a uma criança com TDAH foi encontrada em 1865, em poemas do médico alemão Heinrich

Hoffman. Por meio da poesia, ele descrevia as doenças infantis com as quais deparava em sua prática clínica (Stewart, 1970 *apud* Barkley, 2006). Contudo, o mérito científico ficou com George Still e Alfred Tredgold, que dedicaram atenção clínica especial a uma condição peculiar do comportamento infantil que se aproximava bastante do que hoje se conhece por TDAH.

No início do século XX, Still, em três palestras realizadas no Royal College of Physicians (posteriormente publicadas), descreveu 43 crianças atendidas em seu consultório que manifestavam muita dificuldade de manter a atenção e eram extremamente ativas, tendo pouca volição inibitória e apresentando características comuns, como malevolência, crueldade e desonestidade. Still observou que várias dessas crianças eram insensíveis a punições, pois até mesmo o castigo físico não impedia que em poucas horas repetissem as mesmas infrações. Para ele, o grupo apresentava um "defeito no controle moral", sendo esse defeito, em alguns casos, decorrente de uma doença cerebral aguda que poderia regredir com a cura da doença (Barkley, 2006).

Em 1917-1918, na América do Norte, o interesse pelo TDAH surgiu após uma epidemia de encefalite, visto que as crianças sobreviventes começaram a apresentar sequelas comportamentais e cognitivas sérias semelhantes àquelas encontradas no quadro clínico do TDAH, como limitação nas capacidades de atenção e memória e comportamento perturbador. "O 'distúrbio comportamental pós-encefalítico', como era chamado, era o resultado claro de uma lesão cerebral" (Barkley, 2006, p. 17). Entende-se, assim, que o aparecimento de sequelas pós-encefalite parece ter criado uma *hipótese de causa e efeito*: os pesquisadores passaram a supor que, se uma lesão no cérebro poderia originar sintomas na área do comportamento e da atenção, as crianças que já manifestassem esses "sintomas" (mesmo sem evidência de lesão) os teriam desenvolvido em decorrência de lesões congênitas no cérebro.

A esse respeito, Moysés e Collares (1992, p. 33) entendem que

TDAH E MEDICALIZAÇÃO

Esse tipo de raciocínio (se A causa B, B só pode ser causado por A) estrutura-se na própria medicina como ciência, numa época em que o objeto de estudo era basicamente doenças infectocontagiosas, em que A é um agente biológico bem determinado e externo ao homem; hoje, admite-se a limitação desse raciocínio mesmo nesse grupo de doenças.

No entanto, alegam as autoras, em decorrência de uma formação inadequada dos profissionais de saúde, *a hipótese de causa e efeito* ainda prevalece de forma indiscriminada, mesmo quando não há o envolvimento significativo de aspectos de ordem biológica.

No decorrer dos anos, diversos estudos tentaram investigar se alterações no comportamento poderiam ser resultado de uma doença cerebral. Os traumas perinatais, doenças como o sarampo, a toxicidade do chumbo, a epilepsia e os traumas no crânio começaram a ser estudados e correlacionados com características de comportamento e alterações cognitivas, muitas das quais encontradas na tríade (hiperatividade, desatenção e impulsividade) do TDAH (Barkley, 2006).

Na década de 1930, alguns estudos tentaram correlacionar a hiperatividade em primatas que haviam sofrido lesão nos lobos frontais às alterações comportamentais em crianças (Barkley, 2006).

Na década de 1940, nasce o conceito de "criança com lesão cerebral" (Strauss e Lehtinen, 1947 *apud* Barkley, 2006), que foi correlacionado a crianças com o quadro sintomático do TDAH. Strauss e Lehtinen, no texto de 1947, fizeram recomendações sobre a educação das "crianças com lesões cerebrais", que foram adotadas anos depois pelos serviços educacionais especiais das escolas públicas dos Estados Unidos. Entre essas recomendações estavam: redução da quantidade de estímulos no ambiente; não utilização de joias ou roupas com cores fortes pelos professores; uso de poucos quadros nas paredes das salas de aula, uma vez que esses alunos eram bastante propensos a se distrair (Barkley, 2006). O autor comenta que, na década de 1950, à expressão "lesão cerebral" foi acrescido o termo "mínima" (lesão cerebral mínima). Para Moysés e Collares (2011), o termo "mínima" supõe que a lesão seja pequena demais para afetar outras funções neurológicas além do comportamento e da aprendizagem. As autoras entendem que essa hipótese foi baseada na observação de pessoas que sobreviviam a traumas ou infecções neurológicas e passavam a apresentar sequelas.

No entanto, em um *workshop* ocorrido em Oxford, na década de 1960, comprovou-se – por meio de estudos anatomopatológicos de cérebros de pessoas que foram acompanhadas até a morte – "o erro de Strauss": não havia lesão (Moysés e Collares, 2011). Assim, nessa década, a expressão "lesão cerebral mínima" evoluiria para "disfunção cerebral mínima". O termo "disfunção"[6] foi uma alternativa encontrada para a falta de evidência de lesão no cérebro; significava uma função cerebral alterada, que poderia gerar sintomas como dificuldades de atenção e memória (Barkley, 2006).

No decorrer da década de 1960, contudo, surgiram críticas ao conceito de disfunção cerebral mínima, que foi considerado vago demais, sem evidências neurológicas e com pouco valor descritivo. O termo foi substituído por expressões mais adequadas aos transtornos cognitivos, comportamentais e de aprendizagem, como "dislexia", "transtornos da linguagem", "dificuldades de aprendizagem" e "hiperatividade". "Esses novos rótulos baseavam-se nos déficits observáveis e descritivos das crianças, em vez de algum mecanismo etiológico subjacente ao cérebro, *que não poderia ser observado*" (Barkley, 2006, p. 20, grifo nosso).

Assim, conforme crescia o descontentamento com a disfunção cerebral mínima, os investigadores clínicos transferiram a ênfase para o sintoma comportamental considerado mais característico do transtorno: a hiperatividade (Barkley, 2006).

Vê-se, assim, que há mais de um século sucedem-se inúmeras hipóteses sobre possíveis transtornos neurológicos que comprometeriam exclusivamente a aprendizagem e/ou o comportamento – hipóteses essas que nunca foram provadas e são refutadas também por profissionais e pesquisadores médicos. Nesse sentido, sempre que algum questionamento alcança um nível considerado crítico, há a transmutação de uma hipótese para outra; mudam-se as nomenclaturas com o desejo de que se chegue a algum lugar (Moysés e Collares, 1992).

Não é de estranhar que a insatisfação com a disfunção cerebral mínima tenha feito surgir o conceito de *hiperatividade*, definida por Chess (*apud* Barkley 2006, p. 20) da seguinte forma: "A criança com hiperatividade é aquela que conduz suas atividades em uma velocidade acima do normal observada na criança média, ou que está sempre se movimentando, ou ambos". Foi nessa época que uma definição de hiperatividade apareceu na nomenclatura diagnóstica do *Manual Diagnóstico e Estatístico de Transtornos Mentais* (1968). Nessa edição do manual, seguindo o caminho de Chess, enfatizou-se que o transtorno era benigno, ou seja, que o comportamento caracterizado por "muita atividade", "inquietação", "distração" e "capacidade atencional pobre" regrediria até a adolescência (Barkley, 2006).

Já na década de 1970, a pesquisadora Virginia Douglas elaborou um artigo no qual argumentou que os déficits de atenção prolongada e de controle dos impulsos eram sintomas mais significativos e mais prováveis de serem observados do que a hiperatividade – ou seja, o traço *desatenção* era mais relevante do que o de hiperatividade para explicar as dificuldades das crianças com o transtorno hipercinético. Tal evidência, segundo ela, era verificável uma vez que a medicação estimulante parecia surtir mais efeitos no sintoma de desatenção, sendo menos eficaz para a hiperatividade (Barkley, 2006).

O artigo de Douglas e as pesquisas subsequentes de sua equipe foram tão influentes que geraram uma redefinição da nomenclatura, dando surgimento ao Transtorno de Déficit de Atenção – TDA – no *DSM-III* (1980). Assim, os déficits de atenção e de controle de impulsos foram reconhecidos como de maior significância para o diagnóstico do que a própria hiperatividade. Para dar conta das variações, foram então criados subtipos de TDA, sem ou com hiperatividade (Barkley, 2006).

Em 1987, em decorrência de estudos que questionaram a prevalência do sintoma da desatenção, o *DSM-III* sofreu uma revisão (*DSM-III-R*), e o TDA passou por nova mudança terminológica, surgindo, assim, o TDAH (Barkley, 2006).

As "mudanças" continuaram e, em 1994, o *DSM-IV* trouxe novos critérios para o diagnóstico. Tais critérios começaram a levar em consideração as diferentes manifestações do transtorno: tipo predominantemente desatento (TDAH-PD ou TDAH-D), em que prevalecem sintomas de desatenção; tipo predominantemente hiperativo-impulsivo, em que se ressaltam sintomas de hiperatividade; ou tipo combinado (TDAH-C), em que há a presença de sintomas de desatenção e de hiperatividade de modo equivalente. Os critérios ainda consideram a globalidade dos sinais e sintomas entre os ambientes e sugerem existir um comprometimento significativo em pelo menos dois contextos da vida do sujeito.

Reproduzimos a seguir os critérios diagnósticos do *DSM-IV* (2014). Cabe observar que eles se pautam em sinais recorrentemente citados pelos professores em seus relatórios de avaliação da criança. É importante atentar para o uso dos termos "com frequência" ou "frequentemente", como alertam pesquisadores da área. Vejamos:

A. Ou (1) ou (2)

(1) **seis (ou mais)** dos seguintes sintomas de desatenção persistiram pelo período mínimo de seis meses, em grau mal-adaptativo e inconsistente com o nível de desenvolvimento:

Desatenção:

(a) frequentemente não presta atenção a detalhes ou comete erros por omissão em atividades escolares, de trabalho ou outras;

(b) com frequência tem dificuldade para manter a atenção em tarefas ou atividades lúdicas;

(c) com frequência parece não ouvir quando lhe dirigem a palavra;

(d) com frequência não segue instruções e não termina seus deveres escolares, tarefas domésticas ou deveres profissionais (não devido

TDAH e medicalização

a comportamento de oposição ou incapacidade de compreender instruções);

(e) com frequência tem dificuldade para organizar tarefas e atividades;

(f) com frequência evita, demonstra ojeriza ou reluta em envolver-se em tarefas que exijam esforço mental constante (como tarefas escolares ou deveres de casa);

(g) com frequência perde coisas necessárias para tarefas ou atividades (p. ex., brinquedos, tarefas escolares, lápis, livros ou outros materiais);

(h) é facilmente distraído por estímulos alheios à tarefa;

(i) com frequência apresenta esquecimento em atividades diárias.

(2) **seis (ou mais)** dos seguintes sintomas de hiperatividade persistiram pelo período mínimo de seis meses, em grau mal-adaptativo e inconsistente com o nível de desenvolvimento:

Hiperatividade

(a) frequentemente agita as mãos ou os pés ou se remexe na cadeira;

(b) frequentemente abandona sua cadeira em sala de aula ou outras situações nas quais se espera que permaneça sentado;

(c) frequentemente corre ou escala em demasia, em situações impróprias (em adolescentes e adultos, pode estar limitado a sensações subjetivas de inquietação);

(d) com frequência tem dificuldade para brincar ou se envolver silenciosamente em atividades de lazer;

(e) está frequentemente "a mil" ou muitas vezes age como se estivesse "a todo o vapor";

(f) frequentemente fala em demasia.

Impulsividade:

(a) frequentemente dá respostas precipitadas antes que as perguntas tenham sido completamente formuladas;

(b) com frequência tem dificuldade para aguardar a sua vez;

(c) frequentemente interrompe ou se intromete em assuntos alheios (p. ex., intromete-se em conversas ou brincadeiras).

B. Alguns sintomas de hiperatividade/impulsividade ou desatenção causadores de comprometimento estavam presentes antes dos 7 anos de idade.

C. Algum comprometimento causado pelos sintomas está presente em dois ou mais contextos (p. ex., na escola [ou trabalho] e em casa).

D. Deve haver claras evidências de comprometimento clinicamente importante no funcionamento social, acadêmico ou ocupacional.

E. Os sintomas não ocorrem exclusivamente durante o curso de um transtorno global do desenvolvimento, esquizofrenia ou outro transtorno psicótico, nem são melhor explicados (*sic*) por outro transtorno mental (p. ex., Transtorno do Humor, Transtorno de Ansiedade, Transtorno Dissociativo ou Transtorno da Personalidade).

Codificar com base no tipo:

314.01 Transtorno de Déficit de Atenção/Hiperatividade, Tipo Combinado: se tanto o critério A1 quanto o critério A2 são satisfeitos durante os últimos seis meses.

314.00 Transtorno de Déficit de Atenção/Hiperatividade, Tipo Predominantemente Desatento: se o critério A1 é satisfeito, mas o critério A2 não é satisfeito durante os últimos seis meses.

314.01 Transtorno de Déficit de Atenção/Hiperatividade, Tipo Predominantemente Hiperativo-Impulsivo: se o critério A2 é satisfeito, mas o critério A1 não é satisfeito durante os últimos seis meses.

Nota para a codificação: para indivíduos (em especial adolescentes e adultos) que atualmente apresentam sintomas que não mais satisfazem todos os critérios, especificar "Em Remissão Parcial".

Verifica-se que 18 itens compõem a lista de sintomas. No caso de crianças, respondendo afirmativamente a seis itens em um subgrupo, é realizado o diagnóstico de predominância de déficit de atenção ou de hiperatividade no TDAH; diagnóstico esse que já havia sido definido quando os familiares foram alertados de que o filho tinha problemas (Moysés e Collares, 2011).

Entendemos que uma das inconsistências presentes nesse instrumento diagnóstico é a menção de que "algum comprometimento causado pelos sintomas está presente em dois ou mais contextos" (casa e escola, por exemplo). Sugere-se, portanto, que ora os sintomas estão presentes, ora não estão – o que fortalece a visão de que o problema pode ser de ordem interacional/contextual/social.

É interessante notar também que há variações de um mesmo sinal, o que aumenta a chance de uma criança ser classificada como portadora de TDAH. Por exemplo, para o item geral "não presta atenção na execução das tarefas escolares" há as seguintes variações: "frequentemente não presta atenção a detalhes ou comete erros por omissão em atividades escolares"; "com frequência tem dificuldade para manter a atenção em tarefas"; "com frequência não segue instruções e não termina seus deveres escolares"; "com frequência tem dificuldade para organizar tarefas e atividades"; "é facilmente distraído por estímulos alheios à tarefa". Ou seja, não há possibilidades de marcar apenas um desses itens: uma única dificuldade é multiplicada, resultando em vários sinais praticamente iguais.

Em 2013, foi lançado o *DSM 5*. Consultando essa versão mais recente, notam-se novas alterações nos critérios diagnósticos. A lista de sintomas permaneceu inalterada em relação ao *DSM-IV*, mas a quantidade de itens afirmativos para o diagnóstico de TDAH foi reduzido para cinco (em vez de seis) no caso de adultos, ampliando as possibilidades do diagnóstico para esse grupo.

Para as crianças, as possibilidades do diagnóstico também foram ampliadas, uma vez que houve alteração no critério etário. Antes, recomendava-se que alguns sintomas deveriam estar presentes antes dos 7 anos de idade. Pelos critérios atuais, a idade passou a ser de 12 anos, isto é, alimenta-se a noção de que os sinais de desatenção/hiperatividade surgem na escola.

Ainda, o termo "subtipo" foi substituído pela palavra "apresentação". Na página da Associação Brasileira de Déficit de Atenção (ABDA) na internet consta a seguinte explicação para esse fato:

Os subtipos foram retirados do manual; ao invés disso, optou-se pelo emprego do termo "apresentação", denotando que o perfil de sintomas atuais pode se modificar com o tempo (o que é bastante comum). O termo subtipo favorece uma interpretação errada [de] que aquela era uma categoria estável, fixa, do TDAH. As apresentações mantêm as mesmas divisões que os antigos subtipos: com predomínio de desatenção, com predomínio hiperatividade-impulsividade e apresentação combinada (ABDA).[7]

Convém destacar que a substituição de "subtipo" por "apresentação" objetiva favorecer a ideia de que o perfil de sintomas se modifica, o que significa que quando a criança crescer e *deixar de correr* ou *de escalar em demasia* não deixará de ter TDAH – haverá apenas uma modificação na "apresentação" do diagnóstico. Tal entendimento já é preconizado pela literatura mais recente da área. Segundo Murphy e Gordon (2006), até a década de 1980 acreditava-se que o transtorno poderia ser curado com a chegada da idade adulta. Hoje, ao contrário, é amplamente divulgado que o TDAH é de caráter crônico, ou seja, acompanha o indivíduo no decorrer de toda a sua vida. Desse modo, a mudança na nomenclatura só vem fortalecer a ideia de que o TDAH, além de ser uma doença mental, é incurável.

Vejamos a seguir um instrumento diagnóstico bastante utilizado na esfera clínica: o questionário denominado SNAP-IV. Em resumo, trata-se de uma versão, para educadores, dos critérios apresentados no *DSM*. O documento pode ser encaminhado para professores de alunos em processo diagnóstico. O professor é orientado a responder da seguinte forma: "Para cada item, escolha a coluna que melhor descreve o(a) aluno(a) (marque um X)". As opções de colunas dadas são "nem um pouco"; "só um pouco"; "bastante", "demais".[8] Vejamos:

1 Não consegue prestar muita atenção a detalhes ou comete erros por descuido nos trabalhos da escola ou tarefas.
2 Tem dificuldade de manter a atenção em tarefas ou atividades de lazer.

TDAH e medicalização

3 Parece não estar ouvindo quando se fala diretamente com ele.

4 Não segue instruções até o fim e não termina deveres de escola, tarefas ou obrigações.

5 Tem dificuldade para organizar tarefas e atividades.

6 Evita, não gosta ou se envolve contra a vontade em tarefas que exigem esforço mental prolongado.

7 Perde coisas necessárias para atividades (p. ex.: brinquedos, deveres da escola, lápis ou livros).

8 Distrai-se com estímulos externos.

9 É esquecido em atividades do dia a dia.

10 Mexe com as mãos ou os pés ou se remexe na cadeira.

11 Sai do lugar na sala de aula ou em outras situações em que se espera que fique sentado.

12 Corre de um lado para outro ou sobe demais nas coisas em situações em que isto é inapropriado.

13 Tem dificuldade em brincar ou envolver-se em atividades de lazer de forma calma.

14 Não para ou frequentemente está a "mil por hora".

15 Fala em excesso.

16 Responde às perguntas de forma precipitada antes de elas terem sido terminadas.

17 Tem dificuldade de esperar sua vez.

18 Interrompe os outros ou se intromete (p. ex.: mete-se em conversas/jogos). [Versão em português validada por Mattos *et. al*, 2005.]

Acreditamos que a principal questão a ser levantada é a subjetividade que perpassa cada um dos itens descritos. Se entendemos que a cognição se constitui na interação, compreendemos que uma mesma criança (por exemplo, a Joana) pode ser extremamente atenta à aula do "professor X" e desatenta à aula do "professor Y". Essa criança pode se "remexer na cadeira", torcendo para que a aula do professor Y termine, e permanecer bastante tranquila na aula do professor X. Seguindo esse raciocínio, propomos a seguinte reflexão: caso o professor X e o professor Y fossem convidados a responder ao questionário sobre Joana, as respostas seriam equivalentes? E ainda: qual dos questionários seria válido para classificar a criança como "saudável" ou "doente"? Esse ponto precisa ser analisado quando se tomam os questionários como possível "triagem": há ou não distintos "olhares" de diferentes professores para um mesmo sujeito?

O problema é que, dos 6 aos 10 anos de idade, época em que esses diagnósticos são dados com mais frequência, há, em geral, um único professor regular que permanece na sala a maior parte do tempo. Assim, será difícil precisar se o problema está na criança ou se reside no contexto de sala de aula, nas práticas pedagógicas estabelecidas, nos discursos proferidos e dirigidos ao aluno.

Em nosso modo de ver, seria necessário obter as percepções de pelo menos dois professores para, com base nessa escuta, analisar os motivos que podem estar dificultando a escolaridade. Um fator complicador é que às vezes, por uma série de razões – entre elas, a formação do professor – há quase uma visão consensual sobre a criança.

Porém, em detrimento dessa visão *quase* consensual, é necessário ouvir os professores para tentar entender como o problema se construiu. Mas essa escuta não pode ser tendenciosa, isto é, centrada apenas nos defeitos da criança, naquilo que ela não consegue fazer, não sabe fazer ou faz "errado". O educador deve ser confrontado com perguntas do tipo: "O que a Joana consegue fazer?", "Quais os principais interesses dela?", "Os colegas de Joana são todos quietos?", "Ela é agitada em que situações?", "Por que você acha que ela é assim?"; "Em que momentos da aula ela fica mais atenta e participativa?" Ademais, quando se fala em avaliação de alunos considerados agitados/dispersos, acreditamos que o contexto escolar também merece ser avaliado.

No que concerne ao SNAP-IV, é importante ressaltar que os critérios de julgamento podem se diferenciar entre os professores. Mesmo que a criança tenha um comportamento parecido em todas as aulas, determinado professor pode achar que "estar a mil por hora", por exemplo, é sinal de doença, enquanto outro pode considerar indicativo de vitalidade. Um terceiro professor, por sua vez, talvez ache que faltam limites (com causa no manejo familiar). Existem, portanto, muitas interpretações possíveis.

No que diz respeito aos itens 16, 17 e 18 do SNAP-IV, questiona-se: que crianças esperam *passivamente* a sua vez de falar? Mesmo no caso dos adultos, não é necessária uma "análise da conversação" aprofundada para verificar que os turnos são na realidade interturnos, pois as falas se sobrepõem?

Não é preciso ter vasto conhecimento em desenvolvimento infantil para entender que "esperar a vez de falar" é algo que se aprende no decorrer dos processos interacionais. Trata-se de uma aprendizagem social, não de algo inato. Moysés e Collares, ao analisar o item "parece não estar ouvindo", perguntam: parece não estar ouvindo quem? O quê? Em que situação? "Todo pediatra sabe que quando uma mãe reclama que o filho não escuta, deve-se perguntar se isso ocorre quando ela chama para arrumar o quarto ou tomar sorvete" (2013, p. 45).

Outro ponto do questionário que também provoca inquietação é o item 6, que faz referência à criança que evita tarefas que exigem esforço mental prolongado. Segundo Martins, Tramontina e Rohde (2003, p. 154),

> essas crianças com frequência são capazes de controlar os sintomas com esforço voluntário ou em atividades de grande interesse. Por isso, muitas vezes, conseguem passar horas diante do computador ou do *videogame,* mas não mais do que alguns minutos na frente de um livro ou na sala de aula. (Martins, Tramontina e Rohde, 2003, p. 154)

A asserção acima gera alguns questionamentos. Pesquisas relatam que muitos brasileiros não são afetos à leitura de obras literárias, principalmente sujeitos oriundos das camadas mais populares (Abreu, 2004). Se a *não* leitura *de livro* faz parte de uma realidade coletiva, como afirmar que apenas as *crianças com TDAH* não conseguem passar mais do que alguns minutos na frente de um livro? Esse poderia ser um "critério" para se pensar em um transtorno mental? Além disso, para que as crianças manifestem o gosto de ler, em geral, têm de ser inseridas em atividades de letramento significativas desde pequenas. Como uma criança que não ouvia histórias lidas por seus pais e/ou professores, nem os via lendo, pode manifestar interesse por literatura? O gosto pela leitura tem de ser construído, sendo um construto (principalmente) social. Não se prender à leitura de livros não pode ser considerado, portanto, um comportamento específico de portadores de TDAH.

E mais: é possível afirmar que uma criança que passe *horas* na frente de qualquer atividade intelectiva (computador, *videogame...*) tenha um distúrbio de atenção ou seja hiperativa? Aliás, vale dizer que jogos eletrônicos exigem mecanismos atencionais apuradíssimos.

Outros itens do SNAP-IV são inquietantes: "é esquecido", "perde coisas", "tem dificuldade de se organizar". Tais questões perfazem o perfil de muitos adultos e crianças. Dificilmente encontramos crianças organizadas, que não perdem as coisas nem são esquecidas. Além disso, a criança pode se esquecer de fazer a lição, de escovar os dentes e de guardar os brinquedos, mas dificilmente esquecerá que marcou de passar a tarde brincando na casa de um amiguinho.

Cabe questionar também o critério "se distrai com estímulos externos". Ele nos remete ao relato de uma mãe que nos procurou dizendo que a professora de seu filho se queixava de que ele, durante as aulas, passava o tempo todo olhando para a parede e, por isso, estava sendo encaminhado para um diagnóstico. Ora, questionamos se esse "diagnóstico" poderia ser dado fora da relação *aluno-escola-professora-ensino-discurso*. Perguntamos, ainda, se e em que medida um diagnóstico e um medicamento promoveriam, por si sós, uma modificação da função atentiva a ponto de fazer esse aluno deixar de olhar para a parede e participar da aula de modo mais ativo.

Acreditamos que, caso o medicamento promovesse a atenção, o aluno em questão ficaria mais atento à parede, pois a atenção, como explica Vigotski (2010), não é uma função encerrada em si mesma, interna, imanente. Se esse mesmo aluno continuar submetido à mesma aula, à mesma professora, ao mesmo processo interacional, sua função atentiva possivelmente não sofrerá qualquer transformação favorável, porque, reiteramos o óbvio, a questão não se reduz ao cérebro.

Desse modo, o SNAP-IV é passível de questionamento, uma vez que analisa comportamentos aprendidos que fazem parte da realidade das crianças de forma geral. Vale dizer ainda que em nossa prática clínica ouvimos com frequência de alunos e professores que a "turma inteira" é muito agitada; pergunta, aliás, que não consta do instrumento de avaliação.

ASPECTOS NEUROBIOLÓGICOS RELACIONADOS À ATENÇÃO E AO TDAH

As mudanças tecnológicas ocorridas no século XXI permitiram uma análise bem mais detalhada das estruturas cerebrais por meio de exames de neuroimagem. No entanto, especificamente com relação ao TDAH, esse tipo de exame não é um definidor no diagnóstico diferencial. Ou seja, não se justifica o uso de neuroimagem na prática clínica, pois um exame alterado não poderia confirmar nem excluir um diagnóstico de TDAH (Szobot *et al.*, 2001).

Se clinicamente esse exame não tem sido utilizado para auxiliar o diagnóstico, para fins de pesquisa encontra-se uma série de estudos que têm apresentado algumas modificações cerebrais de pessoas com diagnóstico de TDAH. Determinados estudos (Szobot *et al.*, 2001; Castellanos *et al.*, 2002; Shaw, 2007) mostram diferenças no cérebro de pessoas com diagnóstico de TDAH, como: diminuição do volume cerebral; atraso na maturação cortical; redução de ativação nas regiões do cérebro ligadas à área pré-frontal direita, ao núcleo caudal, ao *globus pallidus*, ao cerebelo e à sub-região cerebelar do *vermis*.

Embora alguns estudos apontem diferenças entre o cérebro de pessoas diagnosticadas com TDAH e o de pessoas "normais", a literatura também mostra uma série de problemas metodológicos presentes nesses estudos no que diz respeito aos seguintes aspectos: diferença de resultados no padrão de neuroimagem de crianças e adultos; entre sexo masculino e feminino; uso de medicamento anterior ou posterior ao exame; presença ou não de outras comorbidades psiquiátricas etc. (Szobot *et al.*, 2001).

Seguindo essa direção, Leo e Cohen (2003) apresentam mais de 30 estudos de imagem cujo objetivo era compreender a relação entre as áreas cerebrais possivelmente afetadas e o TDAH. Para os autores, tais estudos não conseguem apresentar uma base biológica sólida para a explicação do TDAH, uma vez que os complicadores metodológicos comprometem a validade dos resultados obtidos. Baumeister e Hawkins (2001) também apontam que a confiabilidade desses estudos é comprometida por falta de rigor estatístico e acreditam que a literatura superestime a ocorrência das diferenças entre sujeitos com TDAH e sujeitos-controle.

O principal complicador metodológico para os estudos de imagem e TDAH é que muitas vezes não são fornecidas informações suficientes a respeito de uma variável importante: o uso prévio e/ou continuado de medicação estimulante. Estudos clínicos e experimentais com animais e humanos têm demonstrado que as drogas psicotrópicas produzem efeitos transitórios ou persistentes no funcionamento e na estrutura do sistema nervoso central. A própria ação desses medicamentos no comportamento, nos pensamentos e sentimentos sugere as modificações encontradas. As alterações – que podem ser sutis ou mais significativas – decorrem de uma série de fatores, como dose, duração de uso dos medicamentos e estado geral do organismo (Leo e Cohen, 2003).

Vale ressaltar também que vários estudos discutem os efeitos dos estimulantes no cérebro humano. A pesquisa de Volkow *et al.* (2001), por exemplo, revela que o metilfenidato incrementa a concentração de dopamina no cérebro, o que é visto como algo

TDAH e medicalização

favorável pelos autores. No entanto, Leo e Cohen (2003) entendem que, se mudanças nessa concentração persistirem ao longo do tempo, podem dessensibilizar o funcionamento do sistema dopaminérgico, levando a uma baixa de receptores de dopamina. Um estudo relevante e bastante mencionado na literatura é o de Castellanos *et al.* (2002). Ele foi realizado durante dez anos, entre 1991 e 2001, com uma amostra de 291 participantes: 49 pacientes não medicados, 103 pacientes medicados e 139 sujeitos-controle. Os pesquisadores realizaram várias comparações: medicados *versus* não medicados; não medicados *versus* controle; medicados *versus* controle.

A mais importante comparação, no entender de Leo e Cohen (2003), deu-se entre a categoria dos não medicados *versus* controle. No entanto, a comparação não é consistente, pois os não medicados eram dois anos mais jovens do que os sujeitos-controle. Assim, o resultado de que o volume do cérebro dos pacientes com TDAH é significativamente menor do que os das pessoas sem TDAH não se sustenta por meio dessa pesquisa. Para Leo e Cohen, essa variável é muito relevante pois as pesquisas que consideram o volume do cérebro têm encontrado correlação com o peso corporal. Alegam os autores que, se os resultados dos estudos anteriores estão "contaminados" pela variável "uso de medicação", o de Castellanos *et al.* (2002) também está, pois o grupo controle não é comparável ao grupo pesquisado.

Ainda, ao comparar crianças com diagnóstico de TDAH usuárias e não usuárias de medicamentos, Castellanos *et al.* (2002) relatam não haver diferenças significativas na dimensão cerebral, levando à conclusão de que não há interferência da medicação no tamanho do cérebro. Leo e Cohen (2003) admitem que esse estudo poderia ser válido desde que houvesse informações a respeito do uso dos medicamentos (dose, tempo de uso, tipo de drogas utilizadas). Relatam que a única informação a esse respeito por parte de Castellanos *et al.* (2002) é: "Na época da primeira avaliação, 103 pacientes (68%) eram tratados com psicoestimulantes".

O estudo de Castellanos *et al.* (2002) foi posto em tal evidência que o *The New York Times* apresentou uma discussão sobre a pesquisa. No início do artigo, Castellanos refere preocupação com a superinterpretação de resultados, mas, no transcorrer do texto, revela que a Ritalina pode melhorar a maturação do cérebro de crianças com distúrbios de atenção. Nesse trabalho, Castellanos apenas levanta a "possibilidade", mas dois meses depois o *The Detroit Free Press* apresenta um artigo cujo título é: "Ritalina é segura e funciona: pesquisadores dissipam temores de que a droga afete crianças e afirmam que ela pode ajudar no crescimento cerebral" (Kurth, 2002 *apud* Leo e Cohen, 2003). No cenário midiático, a Ritalina é retratada como "vitamina". Porém, nesse caso é difícil atribuir responsabilidades apenas à mídia.

É importante destacar que Leo e Cohen apresentam os aspectos tendenciosos envolvidos nessas pesquisas. Citam, por exemplo, o estudo de Ernst *et al.*, que detectou diferenças entre o metabolismo de glicose cerebral nos cérebros femininos dos grupos com e sem TDAH, mas não encontrou essas diferenças nos cérebros masculinos. O título do artigo, "Redução do metabolismo cerebral em cérebros de garotas hiperativas", sugere a tendência de apresentar os achados positivos. Leo e Cohen questionam o porquê de o estudo não ser intitulado "Metabolismo normal em cérebros de garotos hiperativos". Aparentemente, entendem os autores, os resultados positivos são mais significativos e mais propensos a ser publicados.

Outro aspecto levantado por Leo e Cohen (2003), no que se refere aos estudos de imagem, é a distinção entre "variação biológica normal" e "doença". Todas as medidas de peso, altura, tamanho do cérebro, nível de atividade, entre outras, caem em uma curva. A linha que delimita o "normal" e o "patológico" é, portanto, arbitrária. E, considerando a imensa variação nas taxas de prevalência desse transtorno e de estudos que mencionam porcentagens exorbitantes, pode-se acreditar que o TDAH represente um traço particular, ou seja, pode ser exemplo de uma variação biológica natural.

Carey (2002) afirma que a literatura sobre o TDAH define a desatenção e a hiperatividade como anormalidades facilmente diferenciadas das variações temperamentais consideradas normais. Para isso, usam-se "pontos de corte" em quantidade de sintomas. No entanto, pesquisas sobre temperamento mostram uma faixa normal desses traços; faixa que revela que metade de uma população é mais ativa e metade é menos atenta do que a média.

Não há dados sólidos para apoiar o "ponto de corte" que separa o normal do anormal (Levy, Hay e McStephenetal, 1997 *apud* Carey, 2002) e, além disso, qualquer traço de temperamento pode induzir a uma disfunção no sujeito. Crianças com temperamentos difíceis (baixa capacidade de adaptação, humor negativo etc.) são mais propensas a desenvolver problemas de comportamento social, e aquelas que demonstram alta atividade, baixo poder de atenção e alta distração são mais propensas a ter um desempenho acadêmico ruim. Porém, mesmo nesses extremos, essas características não necessariamente representam uma disfunção, uma vez que outros fatores estão envolvidos (Carey, 2002).

Sobre a questão de uma média estatística para definir o "corte" entre o "normal" e o "patológico", Canguilhem (2010) diz que, se o corpo humano é de algum modo produto do meio social, é possível dizer que a constância de certos traços, demonstrados por uma média, depende da fidelidade (in)consciente a algumas normas da vida. Assim, "na espécie humana, a frequência estatística não traduz apenas uma normatividade vital, mas uma normatividade social. Um traço humano não seria normal por ser frequente, mas seria frequente por ser normal, isto é, normativo num determinado gênero de vida" (p. 115-16).

Os estudos de prevalência do TDAH têm indicado taxas altas de crianças que receberam esse diagnóstico. Por exemplo, pesquisa realizada por Fontana *et al.* (2007), em quatro escolas públicas brasileiras, com 461 participantes, chegou a um percentual de 13% de crianças que, após avaliação médica, receberam o diagnóstico. Vemos, assim, com base nos pressupostos de

Canguilhem (2010), que o TDAH não é normal por ser frequente, mas é frequente por ser normal.

Em estudo mais recente, Cortese e Castellanos (2012) analisaram, com base no critério de busca "TDAH e imagem", artigos publicados (na base Pubmed) entre janeiro de 2011 e abril de 2012. Para os autores, a literatura atual continua contribuindo para a emergência de modelos que visam explicar mecanismos fisiopatológicos subjacentes ao TDAH. Entendem, ainda, que esse campo tem amadurecido e já fornece evidências sobre as alterações nas regiões fronto-estriatal e cerebelares presentes em cérebros de pessoas com TDAH, tal como previsto em estudos anteriores, enquanto supõem ainda a presença de interações em regiões extrafrontais durante atividades específicas e descanso. De acordo com os pesquisadores, porém, apesar do crescente ritmo de progresso em métodos de neuroimagem, é prematura a reivindicação desse instrumento como ferramenta para diagnóstico ou plano de tratamento.

Vê-se que *hipóteses* continuam sustentando os achados obtidos por meio das pesquisas da área, mas tais pesquisas ainda são muito incipientes para oferecer uma explicação comprovada sobre a base biológica do TDAH. Em nosso entendimento, isso ocorre porque a atenção é um processo cognitivo complexo e multifacetado. Além disso, é difícil comprovar seu caráter orgânico, já que a própria definição do TDAH é baseada em critérios vagos, subjetivos e inconsistentes (Moysés e Collares, 2011).

Além disso, a dificuldade de encontrar um "marcador biológico" para o TDAH reside no fato de que a criança "perfil TDAH" não é desatenta e/ou hiperativa e ponto. Há uma imensa heterogeneidade manifestada em comportamentos e atitudes que se diferenciam a depender de uma série de fatores, sobretudo os interacionais e contextuais. Dito de outro modo: se uma criança é, por exemplo, incrivelmente atenta a jogos eletrônicos, como supor que uma imagem do cérebro possa demonstrar que ela não se atenta *apenas* na hora de fazer a lição de casa?

TDAH e medicalização

Acreditamos, desse modo, que não se trata de desatenção, mas de deslocamento do foco atentivo. Se houvesse uma "homogeneidade" nas atitudes, ou seja, se a criança fosse sempre desatenta ou sempre hiperativa, suporíamos que esse "comportamento atípico" poderia imprimir seus efeitos no cérebro ou até mesmo ser consequência de uma alteração cerebral.

Ressalta-se, ainda, que o cérebro é um órgão plástico e possíveis diferenças cerebrais podem estar relacionadas a esse aspecto. Rubia (2002) afirma, por exemplo, que no caso de pianistas e músicos há uma reorganização estrutural e funcional do córtex sensorial. Do mesmo modo, acontecimentos emocionais significativos – tais como estresse pós-traumático em veteranos de guerra, crianças vítimas de abuso sexual, mulheres que foram violentadas, entre outros – podem provocar redução do hipocampo e ativação anormal da amígdala. Tais exemplos mostram que a experiência social é necessária para o desenvolvimento das estruturas cerebrais – fato que deveria gerar repercussão na investigação em psiquiatria. Para Leo e Cohen (2004), as diferenças cerebrais (ou "anormalidades") podem ser *consequência* em vez de uma característica da síndrome ou do comportamento, o que não pode ser relativizado pelos pesquisadores de neuroimagem.

Autores como Wexler (2010) advogam a favor de diferenças culturais promoverem mudanças na organização cerebral. Destacam, por exemplo, que a longa prática de instrumentos musicais conduz a um aumento da área motora e somatossensorial dos sujeitos. Ressaltam também que há diferenças relacionadas a quem praticou instrumentos desde a infância e quem os aprendeu após a idade adulta, bem como existem diferenças na estimulação visual e auditiva de cegos e surdos.

Wexler (2010) afirma que células cerebrais requerem entrada sensorial para manter a vitalidade e a funcionalidade. Essa entrada forja conexões entre as células, que, juntas, criam sistemas funcionais neurais. A importância dessas conexões é amplificada por outro processo crítico: humanos sozinhos moldam e remoldam o desenvolvimento do próprio cérebro. Essa evolução cultural difere da evolução biológica darwiniana em aspectos importantes. Em primeiro lugar, cria-se mais rapidamente uma variabilidade imensa na espécie humana. Em segundo lugar, os sistemas neurais usam diferentes processos para armazenar informações que influenciam o desenvolvimento da estrutura e da função cerebral. Na evolução biológica, a informação é armazenada em uma sequência (de base estável) de moléculas de DNA, e esse processo é idêntico e completo para muitos indivíduos. Na evolução cultural, a informação é armazenada por meio de artefatos e práticas culturais, sendo a informação distribuída entre os indivíduos de maneira diferenciada e incompleta.

Esse estudo é importante para refletirmos sobre o entendimento do fenômeno "desatenção à escola" como patologia. É possível que haja diferenças em exames topográficos, contudo, isso pode não justificar a causa de uma doença psiquiátrica. O mesmo ocorre com as imagens cerebrais de pessoas consideradas disléxicas que apresentam a área relacionada da escrita e da leitura menos "ativadas".

Algo também amplamente divulgado na literatura é que crianças consideradas portadoras de dislexia do desenvolvimento mostram hipoativação em áreas cerebrais que requerem processamento fonológico. Entretanto, intervenções baseadas na estimulação da consciência fonológica mostram aumento nos níveis de ativação dessas áreas, "normalizando" a atividade neural (Szücs e Goswami, 2007). Os autores relatam que estudos de neuroimagem com leitores adultos com dislexia do desenvolvimento sugerem ativação atípica em importantes áreas relacionadas à leitura, localizadas na região temporal posterior esquerda. Afirmam, ainda, que os métodos de neuroimagem são oportunos pois podem fornecer dados que não conseguem ser obtidos por meio de observação empírica. É possível encontrar nas imagens, por exemplo, marcadores de risco para a dislexia do desenvolvimento em crianças pré-verbais e em crianças mais velhas sem a necessidade de requerer atenção explícita dessas crianças (Szücs e Goswami, 2007). Desse modo, conforme Goswami (2008), esse campo das neurociências apresenta excelente potencial para beneficiar educadores.

Ressaltamos, no entanto, que mesmo estudos que mostram hipofuncionalidade no cérebro de pessoas consideradas disléxicas afirmam que, após a terapia voltada à estimulação do processamento fonológico, as áreas envolvidas na leitura e na escrita passam a evidenciar um funcionamento equivalente ao dos "bons" leitores (Dahaene, 2012). Entendemos, nesse sentido, que, se aprender a ler modifica o funcionamento do cérebro, a questão das dificuldades de leitura não pode ser reduzida às condições orgânicas do sujeito, mas ao maior ou menor envolvimento deste em atividades de leitura e escrita.

Desse modo, é possível afirmar que resultados "anormais" de exames neurofuncionais não nos causam surpresa. Ou seja, se uma criança não lê, se não pratica a leitura, as áreas cerebrais não serão tão "ativadas" quanto as de pessoas que leem de vez em quando, que, por sua vez, não serão tão "funcionantes" quanto as daquelas que leem muito. Seguindo esse ponto de vista, é possível acreditar que os exames neurofuncionais do cérebro de um jornalista ou romancista atuantes serão distintos dos de um indivíduo analfabeto.

Em suma, hoje vislumbramos o afastamento da concepção de cérebro como essencialmente biológico e homogêneo. Mecacci (1987) ressalta a importância de considerar a influência das diferenças individuais e culturais nas funções cerebrais. O autor critica estudos que tomam por base um cérebro "médio" (como o dos universitários americanos), com base no qual são feitas generalizações. As conclusões sobre o estudo de tal conceito têm, tradicionalmente, sinalizado a existência de um cérebro "universal", desconsiderando suas variações, como os cérebros dos cientistas, dos surdos, dos pertencentes a culturas diferentes. A respeito das diferenças derivadas da experiência cultural dos sujeitos, o autor relata, entre tantas outras variáveis, que o estudo do cérebro dos japoneses indica diferença entre a especialização hemisférica dos ocidentais e a dos orientais. O hemisfério esquerdo de um japonês, por exemplo, analisa não só a linguagem verbal, mas também sons, como o barulho das cachoeiras, ruídos que seriam analisados pelo hemisfério direito nos ocidentais – talvez porque os sons tenham outro significado para os orientais.

Assim, corroboramos a hipótese de que os aspectos interativos e sociais vivenciados pelo sujeito estão diretamente relacionados à organização cerebral (Santana, 2013). Ou seja, vemos a linguagem como constitutiva e reguladora das demais funções cognitivas, como a atenção. Nesse sentido, acreditamos que no estudo dos processos cognitivos devemos, como diz Morato (1997, p. 4):

> [...] conciliar uma concepção de linguagem enquanto atividade ou trabalho com uma concepção de cérebro e de cognição igualmente dependentes dos processos de significação, impossível de ser concebidos aprioristicamente – como se fossem comportamentos ou entidades previsíveis, à margem das rotinas significativas da vida em sociedade.

Essa concepção vai de encontro à grande maioria dos estudos nas áreas de neurociências, pois esses tomam, muitas vezes, o efeito como causa. O que queremos dizer é que crianças mais desatentas nas tarefas escolares poderiam *aprender* a ser mais *atentas* à escola[9] (bem como aos procedimentos requeridos pelos testes), o que certamente promoveria modificações nos resultados dos exames funcionais.

3 Medicalização, TDAH e patologia da atenção

TDAH: DOENÇA OU ESTRATÉGIA DE CONTROLE SOCIAL?

Medicalizar significa, de forma bastante resumida, transformar aspectos de cunho social, político, educacional, cultural etc. em problemas de ordem da saúde. O conceito de medicalização tornou-se mais expressivo a partir da década de 1970, quando se apontou que a amplificação do poder médico minimizava as possibilidades de os sujeitos lidarem com suas perdas da vida cotidiana, uma vez que sofrimentos eram transformados em doença (Moysés e Collares, 2013). Isso ocorre, por exemplo, quando a tristeza ganha *status* de depressão (Wakefield e Horwitz, 2010).

É importante considerar que o conceito de medicalização é bastante amplo, não implicando apenas as patologias ligadas às dificuldades escolares, como dislexia e TDAH. Embora tais dificuldades sejam o objeto deste livro, cabe destacar aqui também que, de acordo com Conrad e Schneider (1992), várias experiências socialmente determinadas (processos naturais ou considerados desviantes) passam a ser definidas e tratadas como problemas de ordem médica: abuso de drogas, opção sexual, menopausa, alcoolismo, anorexia, hiperatividade etc.

Em oposição ao modelo médico positivista, o qual assume que as doenças são universais e invariantes no tempo e no espaço, os sociólogos da medicina enfatizam o modo como o significado e a experiência da doença são moldados pelos sistemas sociais e culturais (Conrad e Barker, 2010). Distanciando-se das interpretações de cunho organicista, Conrad (1992) afirma que aquilo que vem sendo identificado como comportamento desviante é atribuído em um contexto social e cultural particular, passível de ser modificado. Desse modo, a "masturbação", considerada doença no século XIX – tendo sido, inclusive, objeto de intervenção médica –, deixou de ser assim definida no século XX, ficando tampouco sujeita a tratamento médico. Ressalta-se, portanto, que certos diagnósticos e categorias aparecem e desaparecem em determinados períodos, evidenciando e reforçando sua relação com a ideologia. Ou seja, o diagnóstico é um *mix* de valores sociais, políticos e científicos (Conrad, 2007).

Outro exemplo pode ser dado aqui: a cultura surda entende como medicalização da surdez a concepção da surdez como defeito, déficit, demandando cura. Nesse caso, o implante coclear também é visto como "medicalização" para aproximar o surdo do ouvinte, considerado *normal*. A língua de sinais e a cultura surda são vistas, então, como um "desvio da norma", a *norma ouvinte* (Dagneaux, 2012).

Os sociólogos explicam que a atribuição de "desvio" a determinadas formas de ser e agir é, na realidade, uma estratégia de controle social instituída por meio de um saber, o saber médico. Foucault (1977) contribui para o debate na medida em que correlaciona *saber* e *poder*. Diz o autor que o saber científico sobre "normalidade" e "anormalidade" é a principal forma de poder nas sociedades modernas. Assim, o discurso médico tem o poder de influenciar o comportamento dos sujeitos, reformatando suas subjetividades e legitimando intervenções médicas. Nesse contexto, é importante analisarmos determinados discursos que têm valor científico e são formulados por pessoas qualificadas no interior de uma instituição científica. Assim, o aparecimento do personagem "anormal" não pode ser discutido como se fosse do domínio exclusivamente da psiquiatria sem que se considerem as questões sociais e ideológicas ligadas ao que é considerado "normal" e "anormal" (Foucault, 2013).

Há de se considerar ainda, conforme Conrad e Barker (2010), que o conhecimento médico muitas vezes reproduz as desigualdades sociais (gênero, raça, classe), uma vez que reforça interesses de certos grupos. Por exemplo, alguns dos sintomas da tensão pré-menstrual

(TPM) – mau-humor, raiva, tristeza e agressividade – desafiam normas de como seria o comportamento ideal para as mulheres; assim, esses sintomas passam a indicar um distúrbio, fazendo que o ideário médico, ao medicalizar a TPM, seja veículo de controle social.

No caso masculino, a disfunção erétil mostra essa medicalização (Conrad, 2007). No final dos anos 1990, a impotência masculina foi denominada "disfunção erétil" e, para tratá-la, em 1998, o medicamento Viagra foi lançado. A princípio, a droga era destinada a idosos com problemas de disfunção erétil crônica, muitas vezes associada ao diabetes. No entanto, não tardou para que o laboratório que produz esse medicamento promovesse seu uso para um público maior (qualquer homem, independentemente da idade); o remédio seria, assim, um potencializador do desempenho sexual (Conrad e Barker, 2010).

O que deve ser posto em xeque são as implicações da medicalização para os indivíduos e para as políticas públicas. Afinal, a transformação de questões sociais em doenças pode afetar o modo de entender os problemas e intervir neles. Conrad e Barker (2010) exemplificam a questão citando o alcoolismo, a obesidade e a hiperatividade.

Para os autores, quando o alcoolismo é definido como doença, para além da identidade que se constrói – a de alcoólatra/alcoolista como indivíduo que deve ser tratado –, há o apagamento dos condicionantes sociais que favorecem o abuso do álcool ou omite-se o papel da indústria que promove o alcoolismo. Conrad (1992) afirma também que a produção dessas doenças favorece a mobilização de grupos sociais amparados por profissionais de saúde e leigos – como os Alcoólicos Anônimos –, legitimando-os.

A obesidade, por sua vez, quando tomada simplesmente como doença, promove políticas de saúde (como a cirurgia bariátrica) que pouco consideram a função da indústria alimentícia ou a baixa disponibilidade de alimentos saudáveis para a população (Conrad e Barker, 2010).

E, quando os desvios da atenção e comportamento mais ativo em estudantes são definidos como TDAH, as políticas escolares encorajam o uso de medicamentos e tratamentos em clínicas de saúde.

Assim, a escola deixa de tentar compreender as causas não médicas que influenciam a agitação e a desatenção das crianças em sala de aula (Conrad, 1975). Questiona-se, ainda, a influência das sociedades ocidentais nas orientais. A China, por exemplo, não tinha casos de hiperatividade na década de 1970, mas hoje os estudos indicam ser o TDAH o distúrbio psiquiátrico mais comum no país. Além disso, os alunos têm sido tratados com estimulantes (Conrad e Barker, 2010).

Entendemos que a expansão do TDAH é um fenômeno mundial com múltiplas causas – que por vezes variam de acordo com as diferentes culturas. Os estudantes chineses, por exemplo, são "vítimas" de uma superestimulação por parte de docentes e familiares e carregam uma "demanda" que geraria estresse mesmo em adultos. Muitas crianças perdem a infância porque seu horizonte está permeado por uma expectativa de futuro. A medicalização seria, assim, uma forma de promover a adaptação dos escolares chineses ao que a sociedade propõe (impõe?). É necessário que os determinantes sociais e culturais sejam estudados *in loco* para que se entenda por que a infância vem sendo medicalizada em determinada cultura. Isso significa que não há um argumento universal que explique como fenômenos sociais se transformam em "doença".

Pesquisadores apontam ainda para o papel da indústria farmacêutica na medicalização dos escolares. Moysés e Collares (2013), depois de declararem não ter nenhum conflito de interesses com qualquer laboratório farmacêutico, afirmam que a primeira edição do *DSM* (1952) elencava 106 categorias de transtornos mentais. O *DSM-II* (1968) ampliou esse número para 182. Em 1980, o *DSM-III*, que representa a firmação da psiquiatria biologizante, apresentou 265 distúrbios psiquiátricos. Em 1994, o *DSM-IV* trouxe uma lista de 297 transtornos. O *DSM 5*, em 2013, aumentou esse quantitativo, além de ampliar as possibilidades de diagnóstico para alguns dos distúrbios apresentados.

No caso específico do TDAH, a mídia reforça a problemática ao divulgar discursos que veiculam a visão dominante. Os excertos abaixo foram extraídos de matérias jornalísticas:

TDAH e medicalização

[...] é melhor passar a infância sendo chamada de criança incompetente, malcriada e preguiçosa, que são julgamentos morais, ou ser vista como portadora de déficit de atenção? *Para os primeiros predicados não há tratamento. Para o último, sim.*

[...]

Seis em cada dez pessoas não são portadoras de nenhuma doença psiquiátrica. Ou seja, a maioria é clinicamente normal. E quando digo isso estou incluindo nos 40% restantes portadores de distúrbios simples como a dificuldade de dormir no escuro ou tiques leves. (Rhode, 2013, p. 13, grifo nosso)

Elas muitas vezes são o tormento dos professores. Algumas não param quietas, não se concentram, não prestam atenção na aula; outras parecem viver no mundo da lua, não fazem as lições de casa ou não acompanham o conteúdo como os demais colegas. Crianças que muitas vezes acabam reduzidas a rótulos como "preguiçosas", "bagunceiras" e "desobedientes", na verdade, podem esconder algo mais complexo do que isso: um problema de saúde. Embora muitas vezes passem despercebidas por pais e professores, *são inúmeras as doenças e transtornos que podem influenciar na aprendizagem e no rendimento escolar.* (Valenza/*Gazeta do* Povo, 2007, grifo nosso)

A mídia reproduz sobremaneira o discurso medicalizante. Crianças que às vezes não têm limites por questões de ordem *educacional* passam agora a ter um rótulo patologizante: TDAH. É possível observar ainda que o discurso hegemônico imprime a noção de que a biomedicina "salva", uma vez que, ao imputar uma condição de anormalidade, ou seja, ao divulgar que as manifestações de impulsividade, hiperatividade e desatenção ocorreriam por um problema de ordem da saúde, a ciência estaria cumprindo a sua função e libertando tais indivíduos de possíveis julgamentos morais (Caliman, 2013). No entanto, diz a autora, ao mesmo tempo que a medicina "salva" também *convoca para o tratamento*, como, aliás, pode ser visto no trecho "para os primeiros predicados não há tratamento. Para o último, sim" (Rhode, 2013, p. 13).

Moysés e Collares (2011) afirmam que esses diagnósticos psiquiátricos respondem a anseios da própria sociedade – que tende, ao longo da história da humanidade, a extirpar e discriminar comportamentos considerados diferentes dos socialmente estabelecidos –, tendo a medicina, na segunda metade do século XX e depois acompanhada pela psicologia, delegado um caráter científico a questões puramente ideológicas.

Pensamos que certos diagnósticos servem às "necessidades" de alguns pedagogos que procuram uma solução simplista e "confortável" para um problema que envolve uma multiplicidade de fatores, entre eles o sistema educacional. Acreditar que o problema está no aluno é uma forma de preservar a instituição escolar e se desresponsabilizar pela educação de boa parte da clientela. Enquanto a escola permanecer *estagnada*, crianças continuarão recebendo o diagnóstico de TDAH. E mais: como o *sistema* vem se deteriorando ao longo do tempo, a medicalização é um fenômeno crescente. A escola precisa avançar, mas para isso a sociedade deve se engajar na luta por um sistema educacional verdadeiramente inclusivo, democrático, reflexivo e de qualidade.

O que se observa pela análise do discurso dominante é que quase metade da população sofreria de alguma doença psiquiátrica, o que leva a crer que é natural ser doente. Assim, a distinção entre "normal" e "patológico" deixa de existir. Seríamos *quase* todos *anormais*?

O NORMAL E O PATOLÓGICO

Essa discussão é importante para melhor elucidar os mecanismos que perpassam os procedimentos da clínica que se pauta no paradigma positivista.

TDAH E MEDICALIZAÇÃO

Canguilhem (2010) explica como saúde e doença são encaradas no meio organicista. Segundo uma das hipóteses, o TDAH pode ser entendido como uma patologia decorrente da *falta* de alguns neurotransmissores, como já dito. Para repor o que faltaria, são indicados, em geral, medicamentos estimulantes. Como a doença é determinada, segundo essa visão, por desvios quantitativos de processos considerados naturais do organismo, tratá-las corresponderia a "corrigir a incitação no sentido do excesso ou da diminuição" (Canguilhem, 2010, p. 27) – o que vai ao encontro da terapêutica pautada na prescrição de estimulantes. O autor explica, contudo, que há imprecisão nas noções de *falta* e *excesso* pautadas exclusivamente em uma pretensão métrica, com o objetivo de tornar a patologia e sua terapia "integralmente científicas".

Canguilhem (2010) afirma ainda que a determinação de constantes fisiológicas, por meio da obtenção de médias elaboradas no âmbito de um laboratório, assinala o risco de uma correspondência direta do "homem" normal com o homem dito "mediano". E lembra Thibaudet, que formulou a seguinte pergunta: a quantos metros o homem pode saltar? Para Canguilhem (2010) são as tabelas de recorde, e não a fisiologia, que podem responder a essa pergunta. E conclui: "Se podemos falar em homem normal, determinado pelo fisiologista, é porque existem homens normativos, homens para quem é normal romper as normas e criar novas normas" (p. 120). Saúde e doença, portanto, pertencem a diferentes normas. Tal visão é filiada a um paradigma dialético que se contrapõe à perspectiva positivista que concebe saúde e doença como pertencendo à mesma norma, distinguindo-se somente por fatores quantitativos.

A derivação desse raciocínio remete a uma reflexão sobre os testes-padrão, entre os quais destacam-se os de medida de inteligência. Avaliar a capacidade intelectual apenas por meio de uma normatização pré-fabricada, com base em crianças ditas "normais"/"médias", é um reducionismo que necessita ser reinterpretado. Tal reducionismo é legitimado a partir do momento em que se passa a discutir o conceito de inteligência apartado das questões culturais, como se inteligência fosse apenas a "capacidade de resolver problemas abstratos". Sobre essa questão, Gardner, Kornhaber e Wake (1998) afirmam que ser inteligente, para determinadas culturas, significa ser capaz de realizar a melhor pesca, encontrar a melhor caça. Ou seja, esse paradigma restrito de inteligência, baseado em abstração, que é a base de muitos testes, refere-se a determinada visão de inteligência.

Ressalte-se que muitos desses testes vêm sendo empregados para classificar crianças. O TDAH é um diagnóstico clínico baseado sobretudo na descrição de comportamentos observáveis. Para complementar a precisão diagnóstica ou entender o funcionamento das regiões supostamente comprometidas, alguns médicos encaminham a criança para a realização de testes de inteligência, pois algumas pesquisas assinalam a relevância de avaliação neuropsicológica quando há suspeita de TDAH. O WISC-III é um dos testes citados como capazes de indicar o TDAH, pois estudos mostram que crianças com TDAH tendem a ter dificuldade nos subtestes com números, aritmética e códigos, embora os resultados da escala sejam insuficientes para diagnosticar a patologia (Ignacio *et al.*, 2008; Graeff e Vaz, 2008; Lopes *et al.*, 2012).

A literatura da área cita o WISC-III como um dos testes mais usados para o diagnóstico de TDAH. Alguns autores, no entanto, ressaltam a necessidade de repensar a utilização de um instrumento estrangeiro pouco adaptado ao Brasil. Afirmam, ainda, ser necessária muita cautela na avaliação dos resultados, quando não se levam em conta questões socioeconômicas e culturais dos sujeitos submetidos a tais testes (Nascimento e Figueiredo, 2002). Além dessa questão, há também uma determinada quantidade de provas que acabam gerando interpretações subjetivas, que se modificam a depender do avaliador (como as provas de semelhança, vocabulário e compreensão). Isso leva a entender que o teste envolveria diferentes resultados se fosse aplicado por diferentes profissionais (Figueiredo *et al.*, 2010). Dessa forma, Graeff e Vaz (2008) ressaltam a necessidade de uma avaliação completa e criteriosa, em termos instrumentais e multidisciplinares, para diminuir a possibilidade de erro no diagnóstico.

Para complementar essa discussão, é preciso problematizar também o fato de que muitas das perguntas dos testes estão completamente distantes da realidade de algumas crianças, estando voltadas para expressões relacionadas a um conhecimento adquirido: "Quem foi Monteiro Lobato?"; "Por que se colocam selos nas cartas?"; "O que é vangloriar?"; "O que é dilatório?"; "O que são hieróglifos?" Essas e outras questões acabam muitas vezes por definir se as crianças têm deficiência intelectual e/ou outros déficits como o de atenção.

Sobre esse aspecto, Riemke (2008) afirma que a maneira como os testes de inteligência têm sido utilizados só aumenta a desigualdade social, visto que sua aplicação enfatiza a patologização dos erros. Os testes, para a autora, baseiam-se em uma visão positivista que legitima um determinismo biológico apartado de questões sociais. A quantificação evidencia que a construção desses instrumentos está pautada em uma concepção de sujeito a-histórico, distanciado de sua singularidade. Riemke (2008) diz que é preciso ter cuidado para que o diagnóstico, amparado em testes padronizados, não estigmatize os sujeitos e os sentencie a "rótulos".

Para Vigotski (2010, p. 514), a maioria das crianças que obtém altos índices nos escores de QI cresceu em condições favoráveis. "Será surpreendente que as crianças oriundas das famílias cultas tenham QI alto? [...] À custa de que essas crianças receberam um QI elevado? À custa de boas condições, de desenvolvimento cultural".

A objetividade de tais testes, por sua vez, tem sido colocada como verdade inquestionável. Para que se sustentem, eles partem de uma visão que homogeneíza todos os sujeitos e a própria realidade social. O que se ressalta, porém, é a importância de avaliações qualitativas complementares para o fechamento de um diagnóstico. Ou seja, é imprescindível considerar as diferentes configurações familiares, os significados das práticas de letramento para os sujeitos, sua relação subjetiva com a escrita, as diferentes práticas pedagógicas, os temas que despertam *mais* ou *menos* interesse nos alunos, a formação dos professores, a visão da sociedade sobre o que é um sujeito *normal* – entre outros aspectos.

A fim de ilustrar essa discussão, apresentamos, a seguir, um excerto do laudo neuropsicológico de Susi, criança que foi avaliada e diagnosticada com TDAH aos 6 anos de idade. Susi[10] realizou testes do instrumento WISC-III. Foram consideradas no teste as seguintes funções cognitivas: "atenção e velocidade de processamento"; "habilidades visuoespaciais"; "linguagem[11]"; "memória"; "funções executivas" e "funções executivas superiores". A menina obteve como resultados:

- QI total: médio-inferior;
- QI verbal: médio;
- QI execução: inferior.

A mãe de Susi relatou que a filha teve de ir quatro vezes ao consultório de uma psicológica para realizar a avaliação neuropsicológica. A seguir, um recorte da conclusão do laudo:

Para Susi é tranquilo realizar atividades dependentes do raciocínio verbal, e mostra alguma dificuldade quando precisa recrutar as habilidades executivas, quais sejam: análise, síntese e planejamento visuoespacial. Seu funcionamento intelectual sofre interferências significativas quando precisa usar mecanismos atencionais. É impulsiva, resiste fracamente à distração e processa muito lentamente mais de um estímulo. Estas dificuldades são as mesmas encontradas nos quadros de desordem atencionais. [...] Os aspectos imaturos de sua personalidade não só reforçam o comportamento autoritário e hostil, como também favorecem uma cronificação e piora destes comportamentos pouquíssimo adaptados para uma criança de sua idade. É necessário com urgência que inicie acompanhamento medicamentoso com seu psiquiatra.

TDAH E MEDICALIZAÇÃO

Cabe dizer que o psiquiatra considerou os resultados do teste neuropsicológico para o diagnóstico de Susi, conforme relato da mãe: "Ele já desconfiava, mas com o exame teve certeza". Um complicador é que os laudos de alguns exames, baseados em situações de testagem, conduzem a conclusões do tipo: "É necessário com urgência que inicie acompanhamento medicamentoso com seu psiquiatra". Pensamos que, de posse dessa "indicação medicamentosa" sugerida pela avaliadora e do relato da mãe sobre as queixas da escola, a tendência é a legitimação, pelo médico, do pré-diagnóstico escolar[12].

No que concerne ao tratamento medicamentoso, para Connor (2006), o TDAH não compromete apenas o desempenho acadêmico, mas também domínios sociais, interpessoais, ocupacionais, recreativos, comportamentais e cognitivos, conduzindo a um prognóstico negativo e a muitas psicopatologias associadas se o transtorno não for adequadamente tratado. Diz o autor que, com o implemento de pesquisas, há hoje uma maior compreensão do TDAH e, com isso, os objetivos do tratamento mudaram. Em seus termos:

O tratamento estimulante para o TDAH hoje enfatiza o tratamento prolongado dos sintomas ao longo do dia. O novo objetivo clínico é reduzir os sintomas do TDAH em diversas áreas da vida cotidiana do paciente. Já não é mais suficiente tratar o TDAH apenas durante o dia escolar ou durante as horas de trabalho. *O clínico deve reduzir o fardo cotidiano geral do TDAH sobre a vida do paciente.* [...]

[...] os estimulantes de liberação imediata são prescritos três vezes por dia, ou são utilizados para complementar a ação de estimulantes de ação prolongada. Para reduzir o impacto geral do TDAH sobre o desenvolvimento de uma criança, os estimulantes também são *usados, muitas vezes sete dias por semana, bem como durante os meses de verão* [férias]. [...]

Em indivíduos cujos sintomas de TDAH permanecem, o clínico deve tratar o transtorno cronicamente, ao longo de suas vidas. O tratamento estimulante não deve parar apenas porque o paciente chegou à puberdade e parece ser menos hiperativo [...] *O clínico deve avaliar o paciente em busca de sinais cognitivos remanescentes do TDAH e continuar a tratá-lo, se necessário.* (Connor, 2006, p. 643, grifos nossos)

Observa-se que, para o "portador de TDAH", o uso constante da medicação estimulante é uma conduta incentivada. Paralelamente a isso, há um aumento significativo do consumo de remédios[13], que muitas vezes passam a ser utilizados por toda a vida. Contudo, queremos ressaltar o discurso do autor, que diz que se devem *buscar os sinais remanescentes do transtorno* quando o indivíduo avança em idade. Ao que parece, a preocupação com o uso de medicamentos está diretamente relacionada à manutenção da integridade "atencional" do sujeito. Não há, entretanto, discussões e reflexões sobre a possível modificação das condutas sociais do paciente.

Perguntamos, por fim, se para reduzir o "fardo do TDAH na vida de uma criança" é necessário medicá-la ou criar situações favoráveis ao seu desenvolvimento e aprendizagem. Medicalizar é silenciar; muitas vezes, esse silenciamento oculta a visualização de problemas reais que possam estar afetando a vida da criança (Untoiglich, 2013).

Além disso, esses medicamentos afetam sobremaneira o corpo físico. Os defensores da contracorrente alertam para as reações adversas que podem ser causadas pela medicação indicada para o TDAH. Vejamos um trecho da entrevista concedida por Maria Aparecida Moysés à *Carta Capital* em 2011. Nesse trecho, a pediatra destaca as reações adversas de metilfenidatos e aponta possíveis interesses para o incentivo do uso da droga:

No sistema nervoso causa insônia, cefaleia, alucinações, psicose, suicídio e [...] *Zumbi Like.* Significa agir como um zumbi, ou seja, a pessoa fica quimicamente contida em si mesma. Todos esses são sinais de toxicidade e indicam a retirada imediata da droga. No sistema cardiovascular o remédio causa arritmia, taquicardia, hipertensão, parada cardíaca. O risco de morte súbita inexplicada em adolescente é estimado em dez a 14 vezes maior entre aqueles que tomam

TDAH e medicalização

o remédio, segundo uma pesquisa de 2009 da Food and Drugs Administration (FDA) e do National Institute of Mental Health (NIMH). Não é desprezível. Além disso, interfere no sistema endócrino, na secreção dos hormônios de crescimento e dos sexuais. É uma substância com o mesmo mecanismo de ação e as mesmas reações adversas da cocaína e das anfetaminas. [...] A sociedade é muito incomodada com os questionamentos e a gente acaba abafando isso via substância química. Junte isso ao interesse financeiro das indústrias farmacêuticas. Elas financiam cursos, viagens para médicos, vantagens em clínicas. Curso para professores financiado por um laboratório é algo estranho. Não sejamos ingênuos: eles estão, na verdade, treinando professores para identificar futuros clientes consumidores de suas drogas. [...] (Perozim/*Carta Capital*, 2011)

Além disso, o uso de medicamentos não tem apenas implicações orgânicas, mas também emocionais, sociais e interacionas. Vejamos o relato da mãe de uma criança de 12 anos com diagnóstico de TDAH que revela parte dos efeitos do processo de medicalização:

A questão do remédio incomoda muito ele. Pra ter uma ideia, ontem à noite ele falou assim... Porque ele e o irmão se pegam direto: "*Ô, Ricardo, tá me chamando de doente?*" [...] Aí o Ricardo: "Eu não te chamei de doente, eu só perguntei se tu tens algum problema." [...] O Miguel leva para o lado: "Ah, tá me chamando de doente, né?"; porque aqui [na escola] eles [os colegas] chamam, sim... Ele não gosta de tomar, mas não se nega. Ele toma na boa, eu sempre converso com ele que é importante, que ele não toma por tomar, que ele precisa tomar. Às vezes ele não gosta de tomar a [medicamento antipsicótico[14]] porque dá um pouco de sono... ele não gosta do remédio, principalmente a [metilfenidato], porque pra ele é como se ele não fosse como as outras crianças... isso incomoda ele.
[Mãe de Miguel, 12 anos de idade, grifos nossos]

A violação da integridade da criança é sentida de forma plena: "Tá me chamando de doente?" O *castigo incorporal*, nos termos de Foucault (2009). Da punição do corpo à dilaceração do espírito. A penalidade sentida na alma, a incorporação da condição da doença, que passa a assombrar sua vida escolar e cotidiana de modo integral.

Entendemos que os sintomas (ou sinais de que algo não está bem) precisam ser correlacionados a uma série de fatores que envolvem o contexto da criança. Nessa direção, é preciso que se considere, na análise dos processos relacionais, a qualidade das interações que se estabelece(ra)m no decorrer da trajetória das crianças dentro e fora da escola e as práticas pedagógicas e discursivas que perpassa(ra)m o círculo de relações em que elas estão/estiveram inseridas. Para compreender como os problemas se constroem nesse âmbito, é necessário sobretudo alavancar processos subjetivos, considerando que o discurso sempre será um interdiscurso, atravessado por vozes sociais.

Assim, uma criança pode ter internalizado, por meio de suas relações sociais, que é desatenta, hiperativa, que tem dificuldade de aprender, de se organizar, de lidar com os problemas, entre outros atributos negativos acerca de si e de suas capacidades. É bastante comum o seguinte diálogo entre profissional e criança na clínica: "Você acha que tem TDAH?" "Eu não acho, eu tenho!" Outras crianças com diagnóstico de TDAH, no entanto, ao ser indagadas sobre o transtorno, modalizam: "*Eu acho* que tenho". Sendo *mais* ou *menos* afetada pelo discurso dominante, a criança provavelmente sofrerá as implicações do rótulo: "a criança esquece o casaco porque tem TDAH", "a criança briga com os colegas porque tem TDAH", "a criança é desorganizada, vai mal na escola e é excluída das relações sociais porque tem TDAH".

Vejamos, a título de ilustração, a justificativa de uma mãe a respeito do diagnóstico da filha:

A gente pede pra ela fazer uma coisa... "Daqui a pouco"... Daqui a pouco ela nem sabe mais o que a gente pediu. O que ela tinha que fazer mesmo? Mas isso também é normal... Escovar dente, tomar banho, se eu não mando não

sai... Mas parece que isso vai até os 14, 15 anos. E ela perde muito as coisas, perde muito os objetos. Hoje ela já deixou o casaco...
[Mãe de Susi, 10 anos de idade]

Os atos de dizer "daqui a pouco" a um pedido da mãe e depois esquecer-se do que fora pedido, de só escovar os dentes e tomar banho a mando, de deixar o casaco etc. podem ser tomados como evidências de um transtorno psiquiátrico (uma dispersão patológica)? Ou tais características fazem parte da realidade das crianças em geral? É possível afirmar que crianças de 10 anos de idade que tomam banho e escovam os dentes espontaneamente o fazem porque foram disciplinadas para isso. Ao analisar o discurso das famílias, dos professores e das crianças com diagnóstico de TDAH, entendemos que, em muitos casos, não se trata de um transtorno mental, mas de algo que se constitui socialmente, sobretudo na escola. A seguir, o relato da mesma mãe do excerto anterior mostra como o problema foi construído no contexto escolar:

Me falavam que ela era uma criança que tinha personalidade forte, que era um pouco autoritária... Sobre a socialização com os colegas, aos 4 anos ela pegou uma professora bem tradicional. Ela se queixava constantemente da Susi: que a Susi não queria fazer as atividades, que a Susi não obedecia, que a Susi imitava ela e os colegas, que a Susi brigava com os amigos... E aí a gente ia conversando... Com 5 anos ela ficou com a mesma professora e as queixas foram aumentando. A Susi ficava sentada no "cantinho do pensamento". No segundo semestre desse ano, começou a me dar uma coisa... Todo dia a professora falava, e falava, e falava... Aí resolvi procurar a psicóloga... A primeira psicóloga...
[Mãe de Susi, 10 anos de idade]

Quanto à instituição escolar é, sem dúvida, juntamente com o sistema de saúde, corresponsável pela problemática aqui posta em discussão. Essa corresponsabilidade da escola não é delegada apenas à patologização de muitos alunos, mas também

RITA SIGNOR E ANA PAULA SANTANA

(e sobretudo) à formação de pessoas que não foram ensinadas (no contexto escolar) a pensar de maneira reflexiva e crítica. Trata-se, assim, de um processo coletivo, do sistema educativo brasileiro em geral, constituído nos pilares

> de uma ciência que se pretende neutra, atemporal, com domínio absoluto do futuro por suas projeções, e por isso determinista. Esta ciência necessita construir o sujeito que lhe seja adequado: neutro, objetivo, racional. Um sujeito assujeitado. Um sujeito tornado objeto [...]. (Collares, Moysés e Geraldi, 1999, p. 207)

Para os autores, significa "negar a contingência da subjetividade para evitar o que ela supostamente seria: uma fonte de erros ou perturbações". Inúmeros médicos e professores são, na realidade, fruto de um sistema que precisa produzir sujeitos "ideais" para manter o *status quo*. O fenômeno da medicalização, portanto, ultrapassa a formação universitária dos médicos. Suas raízes estão na formação social e escolarizada que domina as relações interpessoais na contemporaneidade.

Cabe ressaltar, no entanto, que não relativizamos a existência de problemas que se traduzem nas "alterações" de comportamento, atenção e consequentes dificuldades escolares. O que estamos afirmando é que, no caso do TDAH, muitos dos sintomas (dispersão, inquietude, desmotivação) são construídos, em geral, no âmbito escolar.

É relevante dizer ainda que, mesmo quando existem aspectos emocionais significativos, que *poderiam* favorecer um comportamento mais dispersivo, a forma como a escola lida com as questões do aluno é decisiva para seu bom ou mau desenvolvimento. Além da qualidade da interação, que resulta no (não) acolhimento do aluno, há de se considerar também a prática pedagógica (metodologia de ensino) adotada, que pode gerar efeitos que se traduzem no sofrimento do aluno em relação à escola e à sua condição de aprendiz. A resistência em "aprender" pode estar vinculada à qualidade da proposta pedagógica – que, não raras

TDAH e medicalização

vezes, gera uma espécie de "bloqueio cognitivo". Nesse caso, a criança pode necessitar de ajuda terapêutica para que o sofrimento diante das atividades escolarizadas seja enfrentado.

PATOLOGIA DA ATENÇÃO

Luria classifica o distúrbio da atenção como um dos mais relevantes sintomas do estado psicológico do cérebro e afirma que seu estudo pode ser importante para o diagnóstico das afecções cerebrais. Diz o autor que existem distúrbios na atenção involuntária e na atenção voluntária. Nas lesões das áreas profundas do cérebro – do tronco superior das paredes do terceiro ventrículo do sistema límbico – podem ocorrer distúrbios significativos da atenção *involuntária*, que se manifestam como perturbações do reflexo orientado[15] e como redução geral da atividade.

Esses distúrbios podem se manifestar na forma de um "prolapso", quando o reflexo orientado é do tipo instável e se instigue de modo muito rápido, ou, ao contrário, quando os reflexos não se instiguem e durante bastante tempo os estímulos continuam gerando reações eletrofisiológicas e vegetativas. Às vezes, no estado patológico, os estímulos geram reações contrárias, como excitação em vez de depressão ou vice-versa. No caso de superexcitação patológica dos sistemas cerebrais do tronco superior e da região límbica, os sujeitos relatam sintomas de elevada excitabilidade, referem inquietação permanente e demonstram estado bastante vulnerável à distração por qualquer forma de excitação emocional e irritação (Luria, 1991).

Para o autor, assumem relevância especial os distúrbios da *atenção voluntária*. Estes se manifestam no paciente quando ele se distrai muito facilmente com os estímulos secundários e demonstra grande dificuldade de manter a atenção no estímulo dominante. Os exemplos mais típicos de problemas relacionados com as formas superiores de atenção ocorrem com sujeitos que apresentam afecção nas partes mediais dos lobos do cérebro. O indivíduo fica impedido de se concentrar no cumprimento de uma tarefa. Para essas pessoas, elevar o tônus do córtex por meio de uma ordem verbal não desperta nenhuma mudança ou ação dirigida.

Luria entende que distúrbios da atenção arbitrária levam a importantes alterações de todos os complexos processos psicológicos. É em razão desses distúrbios que os doentes com afecção dos lobos do cérebro não são capazes de se concentrar na solução de uma tarefa nem de construir um sistema estável de relações seletivas ligado ao programa de ação, desviando-se para os sinais secundários. Assim, trocam a execução de um programa de ação por reações que ocorrem impulsivamente a um estímulo secundário, frustrando facilmente a atividade inicial.

Assim como Luria, Vigotski (2010) explica o que entende por patologia da função atentiva. Afirma que a distração pode representar uma forte fraqueza da atenção, uma incapacidade de concentrar a ação em um alvo específico, implicando um desarranjo do mecanismo do comportamento e assumindo, portanto, um caráter patológico.

Seguindo o entendimento de Luria e Vigotski sobre as patologias da atenção, vemos que em nada se relacionam à visão organicista que vem *tentando* explicar o TDAH. Ao contrário, nos processos anormais não há discussão sobre a existência ou não do caráter orgânico, mas um consenso em decorrência das evidências de lesão – o que não ocorre no caso do TDAH.

Com relação aos processos anormais, Luria (1988) dá exemplos de pacientes com distúrbios de comportamento decorrentes de lesões nos lobos frontais. Cita uma situação em que um de seus pacientes, ao tentar sair da clínica após ter recebido atendimento, "cedia à impressão produzida pela primeira escada que encontrava e se punha a subi-la em vez de descer, ou entrava pela porta aberta de um armário em vez de sair da sala" (p. 213). O mesmo autor afirma que, apesar da diversidade de manifestações dos distúrbios do comportamento, dois traços estão *sempre* presentes:

TDAH e medicalização

Em primeiro lugar, o comportamento do paciente deixa de ser controlado por um programa verbal motivado, ficando sob a influência de fatores interpostos e tornando-se mais primitivo em suas características. Em segundo lugar, mesmo quando o paciente conserva a formulação verbal correta da instrução (ela se torna distorcida ou desaparece apenas em pacientes com um tipo mais sério de lesão do lobo frontal), em geral ele nunca pode comparar seu desempenho atual com sua intenção original, não tem consciência dos erros que comete e não faz qualquer tentativa de corrigi-los. (p. 214)

Luria (1991) ressalta que existe uma diferença significativa entre a instabilidade da atenção arbitrária e as perturbações significativas dessa função, que acontecem em decorrência de afecções nos lobos do cérebro. Essa instabilidade surge em estados não patológicos do cérebro, em virtude de alterações do sistema nervoso, como no estresse, ou refletindo estados peculiares do ser humano. Nesses casos, alguns mecanismos podem levar ao "controle" da instabilidade, como um grande esforço para a manutenção da concentração ou meios auxiliares de apoio.

Entende-se, assim, que a "instabilidade da atenção" pode ser superada mediante esforço voluntário do sujeito, o que não ocorre nos estados patológicos. Cabe lembrar que Martins, Tramontina e Rohde (2003) entendem que a avaliação dessas crianças (com suspeita de TDAH) deve considerar o fato de que elas são hábeis para controlar os sintomas no consultório. Tal afirmação entra em contradição com as proposições de Luria, uma vez que o autor diz que a "instabilidade" (fenômeno não patológico) é que pode ser superada mediante esforço voluntário; nos estados patológicos, os sintomas não poderiam ser mascarados.

Ressaltamos, ainda, a relevância do conceito de "sistemas psicológicos", pois ele corrobora a noção de que as funções psicológicas superiores são constituídas nos processos interacionais. Para Vigotski, *o que caracteriza uma função cognitiva não é a sua constituição inicial*, mas as conexões que vão se formando entre as funções na vigência das experiências sociais dos indivíduos.

Desse modo, as funções primárias/biológicas (atenção, memória, comportamento) transformam-se em secundárias (atenção arbitrária, memória lógica, comportamento voluntário), adquiridas na intersubjetividade. Essas operações externas integram-se em uma função complexa e em síntese com toda uma gama de processos interiores. "Devido a sua lógica interna, o processo não pode continuar sendo externo, a relação com todas as outras funções mudou, formou-se um novo sistema, reforçou-se e transformou-se em interno" (Vigotski, 2004, p. 118).

Ainda para Vigotski (2004), nesse processo de internalização, ou seja, de surgimento de novas interconexões, o mais relevante no plano psicológico-diferencial não é uma pessoa ser menos ou mais atenta do que outra, mas o uso que se faz na prática da vida social dessa função atentiva. "Quero dizer com isso que o decisivo não é a memória, ou a atenção, mas até que ponto o homem faz uso dessa memória, que papel desempenha" (p. 133).

Desse modo, há de se pensar que o cirurgião cardíaco, por exemplo, faz uso da função atentiva de forma diferente, a depender da situação em que se encontra (realizando cirurgia, assistindo à televisão ou jogando tênis). Há de se pensar, ainda, que o uso dessa função para o cirurgião é diferente do do engenheiro, que é diferente do do ferramenteiro, que é diferente do da dona de casa. É o uso da função na prática social que determina, segundo Vigotski, as conexões que constituem os sistemas psicológicos.

Os pressupostos de Vigotski servem para discutir a visão que predomina na área da saúde de que "no caso do TDAH a falta de atenção é de origem primária, sendo uma incapacidade orgânica de controlar a atenção" (Micaroni, Crenitte e Ciasca, 2010, p. 756). Ressalte-se que a concepção de alteração *primária* na função atentiva, como causa do TDAH, promove reflexões, pois uma alteração primária afetaria a atenção involuntária (que é biológica/inata). Em relação ao TDAH[16], a atenção envolvida é a voluntária[17] e, portanto, histórica, social e cultural, ou seja, construída nas interações sociais mediadas pela linguagem.

4 TDAH e linguagem

A LINGUAGEM ORAL[18]

Partindo de uma concepção histórico-cultural, adotamos a premissa de que a cognição (atenção, memória, percepção) e a linguagem são processos inter-relacionados, que se modelam mediante a inserção da criança em práticas sociais (Vigotski, 2007). Assim, a linguagem é constitutiva do sujeito e de todas as outras funções cognitivas.

Com base nesses temas já discutidos, iniciamos este capítulo com a narrativa de uma situação hipotética. Imaginemos duas crianças de 7 anos de idade, Marina e Paula. Marina gosta de ouvir histórias infantis e, portanto, se mostra muito atenta quando é convocada para essa atividade. Paula, ao contrário, não demonstra atenção e se mostra inquieta quando alguém propõe a leitura. Observando o "comportamento" de Paula, perguntamos: o que isso poderia indicar? Que Paula é "menos" atenta do que Marina?

Ao investigarmos a trajetória das crianças, talvez deparemos com a seguinte realidade: Marina está habituada a ouvir histórias e seus pais lhe compravam livros desde a mais tenra idade, ao passo que Paula praticamente não tem livros nem pessoas que lhe insiram nesse "mundo letrado". Assim, uma criança vê mais significados em livros que outra e, por isso, demonstra mais atenção, enquanto a outra tem menos interesse e, portanto, menos atenção. Mas ter menos atenção à escuta de histórias não significa ter "menos" atenção, pois certamente Paula tem outros interesses, como assistir a desenhos na TV, e bastante atenta a isso. Podemos dizer, então, que uma criança é "mais" ou "menos" atenta do que a outra? Se sim, em que critérios basearíamos essa hipótese?

Podemos afirmar que os processos ligados à atenção são distintos, mas nem por isso estamos diante de um problema ou *déficit* de qualquer ordem. Além disso, esses processos, tanto de uma quanto de outra criança, podem se modificar no decorrer da experiência. Assim, se uma criança não gosta de ouvir histórias e não se atenta, possivelmente é porque não está habituada a essa prática, mas pode vir a desenvolver interesse por ela desde que lhe seja dada a oportunidade. Isso leva a entender que os processos cognitivos são flexíveis e dinâmicos, pois ocorrem na interação entre os sujeitos.

Com relação ao comportamento ser "mais" ou "menos" ativo, "mais" ou "menos" impulsivo, acreditamos também estar relacionado às práticas sociais. As crianças, em geral, são bastante ativas, mas vão internalizando, na convivência mediada pela linguagem, comportamentos mais estáveis.

Quanto à impulsividade, Vigotski explica que a criança é naturalmente impulsiva, mas à medida que convive com os adultos passa a desenvolver mecanismos inibitórios. Nesse processo, os familiares têm papel importante. Por exemplo, quando a mãe diz ao filho: "Espere sua vez de falar, ainda não terminei"; "Deixe seu irmão falar, depois você fala"; "Agora estamos vendo o filme, depois você conta isso"; "Agora você termina a lição e depois você brinca", entre outros enunciados, age no sentido de fazer que a criança aos poucos perceba que há o momento de falar, de ouvir, de esperar, de brincar etc.

A escola também se configura em um "regulador do comportamento", pois as interações são intensas naquele contexto. Ocorre que, muitas vezes, todos falam ao mesmo tempo, sendo poucos os professores que conseguem fazer que as crianças tomem os turnos em momentos oportunos ou estejam em silêncio quando o momento assim o requer. É comum ouvirmos relatos de professores que se mostram impotentes diante da "hiperatividade" dos alunos e, por meio de medidas como gritos, sermões e retirada de alunos da sala, não conseguem inibir aspectos que dificultam interações mais produtivas em classe. Evidentemente, não estamos culpando pais e professores, apenas afirmando que a atitude da criança pode ser resultado da qualidade da interação.

Outro aspecto que deve ser considerado, quando se trata de comportamento, é que existem personalidades distintas. Duas crianças educadas mais ou menos do mesmo modo podem manifestar formas próprias de ver o mundo e de se relacionar com ele: uma pode ser mais organizada, e a outra, mais bagunceira; uma pode ser mais calada, e a outra, mais extrovertida; uma mais ativa, e a outra mais passiva; uma mais centrada, e a outra, menos. Os interesses de crianças criadas juntas são, muitas vezes, distintos. Pois, como diz Vigotski (2007), as aquisições sofrem (no processo de internalização) uma síntese (um filtro), que ocorre em conformidade às nossas características individuais.

Isso nos leva a pensar nos diferentes "perfis" ou traços de personalidade. O TDAH, em nosso modo de ver, também pode ser um perfil de personalidade. Muitas vezes encontramos pessoas mais questionadoras, resistentes a ordens ou à imposição de regras preestabelecidas; algumas são mais desorganizadas que outras, tendem a rejeitar com mais facilidade aquilo que não lhes é interessante ou que não lhes faz sentido, entre outras características que perfazem o "quadro TDAH". Como essas características preenchem o perfil de boa parte da população, não é de estranhar as altas taxas de prevalência do distúrbio[19].

Em suma, quando tratamos da relação entre linguagem e atenção, devemos considerar, sobretudo, as *práticas sociais* e as *características individuais* para não incorrer no risco de "classificar" uma criança de forma equivocada ou de entender que certos "problemas" decorrem de transtornos mentais associados a distúrbios de linguagem – quando, na verdade, são aspectos que

TDAH E LINGUAGEM ORAL

Em nossa prática clínica, encontramos poucas crianças com diagnóstico de TDAH e queixa de linguagem oral. Em geral, as queixas estão voltadas às dificuldades escolares. No que se refere especificamente à linguagem oral, Barini (2014) afirma que as crianças com TDAH[20] apresentam vocabulário receptivo mais limitado, dificuldades de compreensão verbal e pragmática, tendo pior desempenho quando comparadas com seus pares sem TDAH em todas as habilidades testadas. Com relação às alterações do vocabulário, a autora afirma que poderiam ser explicadas pelo prejuízo das habilidades cognitivas mais complexas, como as funções executivas.

Crianças com TDAH podem entender adequadamente detalhes superficiais, mas podem manifestar dificuldades na compreensão de ordens longas e complexas que exigem memória, domínio de léxico gramatical (advérbios, pronomes e preposições) e requerem alto grau de controle atencional e domínio linguístico (Barini, 2014). Embora resultados de pesquisas indiquem que as crianças com TDAH não protestam quando querem interromper interações das quais não desejam participar, muitas vezes elas respondem antes que a pergunta tenha sido formulada.

Para Barini (2014), a capacidade de considerar a perspectiva do outro durante a conversa requer recursos cognitivos, como reter as informações por certo tempo e a capacidade de suprimir a resposta, tendendo tais habilidades a ser mais tênues nos sujeitos com TDAH. Por isso, seu comportamento comunicativo seria por vezes mais egocêntrico, levando-os a interromper a conversação.

TDAH e medicalização

Logo, a autora conclui que crianças com TDAH são menos hábeis em considerar a perspectiva do parceiro na conversa.

Ao analisar as considerações do estudo – como a de que crianças com diagnóstico de TDAH teriam vocabulário mais limitado, dificuldades de seguir ordens complexas, falta de recursos cognitivos para considerar a perspectiva do outro em uma conversa e comportamento comunicativo mais egocêntrico, entre outros atributos desqualificatórios –, questionamos o raciocínio de causa e efeito, pois o que está em jogo aqui são aprendizagens sociais. Assim, uma criança com vocabulário mais amplo do que outra por certo convive com pessoas que também têm vocabulário mais amplo; em geral, trata-se de indivíduos escolarizados e/ou leitores mais assíduos.

Isso levar a crer que o vocabulário se expande em crianças inseridas de forma frequente e significativa em acontecimentos e práticas de letramento, o que implica grande acesso a bens culturais. Assim, aquelas que viajam bastante, frequentam livrarias e bibliotecas, leem livros ou ouvem histórias, vão a espetáculos de teatro, exposições, museus e contam com adultos mediando todo esse processo, têm grande oportunidade de ampliar seu repertório de conhecimentos – entre eles, o repertório lexical das camadas mais cultas.

Perguntamos aqui se as pesquisas de cunho organicista consideram as vivências sociais de cada criança. Se a resposta já está dada, é possível crer que os resultados dessas pesquisas sejam limitados, pois são as inserções culturais e experiências mediadas que ampliam ou restringem o acesso à língua oral e escrita – e essa inserção tem implicações nos processos de aprendizagem.

Por fim, entendemos que nesse tipo de pesquisa não há uma descrição sobre os parâmetros utilizados para "medir" esse vocabulário. Além disso, desconsidera-se que grupos específicos podem ter repertórios lexicais diferenciados, a exemplo de expressões próprias e gírias, entre outras. A que "vocabulário reduzido" os autores se referem então?

É importante ressaltar, também, que dizer que um grupo de crianças (as com TDAH) não considera a perspectiva do outro em uma conversação[21] é algo a ser, do mesmo modo, problematizado. Como esses resultados são obtidos? Em conversas ou em processos artificiais ao estilo "pergunta e resposta"? E, mesmo que tivessem sido obtidos em interações reais, é preciso levar em conta que crianças mais "impulsivas" provavelmente tiveram menos oportunidades do que outras para desenvolver mecanismos de inibição.

Estudos como os de Capellini *et al.* (2011) citam que crianças com esse diagnóstico podem apresentar dificuldades fonológicas, morfossintáticas e pragmáticas. Os autores relacionam essas alterações às dificuldades de atenção e controle inibitório de estímulos irrelevantes que prejudicam o desempenho de funções linguísticas, especialmente em contextos comunicativos mais complexos.

Tais autores afirmam ainda que sujeitos com TDAH teriam uma conduta linguística irregular para se ajustar ao contexto comunicativo e compreender a intenção comunicativa do interlocutor. Para eles, é possível que esses sujeitos tenham atraso na aquisição do sistema fonológico e problemas no nível morfológico da língua, sobretudo na compreensão e expressão de tempos verbais. As crianças diagnosticadas com o transtorno apresentariam também dificuldade de execução de tarefas linguísticas que demandam controle inibitório, como a fluidez léxica, e obteriam piores resultados em tarefas que requerem a capacidade de processamento simultâneo de informações, como tarefas de processamento semântico e, principalmente, as que referem pensamento analógico linguístico. Essa mesma dificuldade se manifestaria nos aspectos metalinguísticos, sobremaneira em tarefas de consciência fonológica (Capellini *et al.*, 2011).

Outras características linguísticas vistas como alteradas nas crianças com TDAH são: recursos linguísticos escassos; omissão de palavras ou de fragmentos da informação; fala incoerente; alteração da ordem lógica; produção de discursos confusos; desorganização espacial/temporal dos fonemas; dificuldades na regulação, intensidade e velocidade de fala.

TDAH e medicalização

De maneira semelhante, Cunha *et al.* (2013) citam trabalhos que mostram que os aspectos da linguagem mais prejudicados nas crianças com TDAH são o fonológico, o sintático e o pragmático. Contudo, embora o componente semântico possa estar próximo do de sujeitos considerados normais, há problemas nos aspectos fonético-fonológicos e gramaticais que seriam causados mais pela dificuldade de atenção e de controle inibitório dos estímulos irrelevantes do que por uma incapacidade específica para manejar os aspectos linguísticos.

Vale destacar que alguns estudos da área deveriam levar em conta os métodos usados para a obtenção dos achados. Temos observado, sobretudo no campo da fonoaudiologia, que os resultados de certas pesquisas se baseiam em procedimentos avaliativos pautados em testes-padrão que, por vezes, requerem atividades fora de contexto, fragmentadas e disfuncionais, além de desconsiderem a história de vida das crianças.

Assim, se a linguagem é adquirida nas interações, entender como se deu o processo de aquisição de linguagem das crianças com o diagnóstico de TDAH também é relevante. Por exemplo, as questões pragmáticas (tomada de turno, ambiguidades, relevância tópica, clareza dos enunciados, reorganização do "dito", entre outras) são adquiridas socialmente. Como vimos, quando os pais organizam a tomada de turno dos filhos, modificam a impulsividade natural da criança, que aos poucos adquire as regras inerentes aos usos da língua. Contudo, os estudos citados não mencionam aspectos importantíssimos nessa discussão, como o processo de aquisição de linguagem dessas crianças, seus interlocutores, o nível socioeconômico e cultural das famílias, atitudes dos pais com relação à educação da criança (como estabelecimento de limites).

Desse modo, espera-se que tais resultados apontem déficits linguísticos, uma vez que relativizam os aspectos sócio-históricos dos sujeitos que participam da pesquisa e são reducionistas, já que os sujeitos expostos a esses procedimentos podem ter dificuldade de contextualizar suas respostas. O que o teste avalia, por exemplo, é determinada habilidade linguística: capacidade de nomear, de repetir palavras sem sentido, de compreender sentenças fora do contexto, entre outras. Porém, tais capacidades isoladas não significam a linguagem em situação de contexto efetivo nem mesmo os mecanismos linguístico-cognitivos que se dão no processo de construção dialógica do sentido. Ou seja, não podemos tomar a *parte* pelo *todo*.

Distante dos pressupostos positivistas, a clínica apoiada na vertente sociointeracionista propõe que se analise a linguagem oral como mediadora de processos interativos. Além disso, quando existem questões de linguagem e concomitante diagnóstico de TDAH, procuramos compreender os aspectos envolvidos nos processos de linguagem.

Cabe reiterar que não estamos afirmando que as crianças citadas nos trabalhos não tenham os "sintomas" descritos. O que estamos discutindo é a relação *direta* entre TDAH e alteração de linguagem oral e escrita. Assim, mesmo que em 35% a 50% das crianças com esse diagnóstico haja queixas de linguagem (Barini, 2014), entendemos que a sintomatologia pode ter sido construída a despeito do TDAH.

A CLÍNICA DA LINGUAGEM COM CRIANÇAS COM DIAGNÓSTICO DE TDAH

Partindo dos pressupostos elencados anteriormente, o fonoaudiólogo, ao avaliar o processo como um todo (por meio de entrevistas com professores, familiares e com a criança e baseado na análise documental e avaliação da criança) deve analisar também de que maneira os participantes desse processo (pais e criança/adolescente) internalizaram uma visão sobre o TDAH.

A entrevista com os pais é o primeiro passo do processo avaliativo e pode abarcar os seguintes aspectos:

TDAH e medicalização

- *Queixa:* momento de escuta, de entender por que a família busca ajuda fonoaudiológica. Houve encaminhamento? Quem encaminhou e por quê? Analisar a postura dos familiares e da criança diante da escola e da queixa.

- *Como o problema se construiu:* é preciso resgatar a trajetória da criança na escola, investigar a relação com professores e colegas, analisar pareceres pedagógicos e a qualidade dos processos interacionais vivenciados (atuais e pregressos). Outras questões se fazem necessárias: como os professores lidam com o problema? Há/houve queixas recorrentes aos familiares? A criança já foi diagnosticada ou ainda está em *processo* diagnóstico? Observar as contradições do discurso para (posteriormente) promover reflexões com base na fala dos sujeitos. Se a criança ainda está em processo diagnóstico, é possível discutir as impressões da avaliação fonoaudiológica com o médico e com os educadores, tentando colocar em evidência os mecanismos sociais envolvidos.

- *O diagnóstico de TDAH:* se a criança já foi diagnosticada, analisar como se deu esse processo. Perguntar se foram solicitados testes para avaliação clínica e quais foram as indicações médicas. É importante saber se a criança é medicada e qual é a sua postura diante do uso de medicação.

- *Queixa de linguagem:* há queixa de linguagem oral? Qual? Se há um problema, como ele é visto pela família e pela criança? A criança é alfabetizada? Tem (teve) dificuldades para ler e escrever? Se sim, quais são essas dificuldades na visão dos familiares, professores e da própria criança? A criança gosta de ler e escrever? O que costuma ler e escrever? Os pais são escolarizados? O que os familiares costumam ler e com que frequência? Há letramento conjunto (por exemplo, a mãe lê para o filho? A família lê a Bíblia reunida? A família assiste a filmes legendados? Escreve listas de compras? Os irmãos participam de jogos de tabuleiro? Os pais ajudam o filho nas tarefas da escola? A criança já foi reprovada alguma vez?

Como é o desempenho de forma geral? Há problemas de aprendizagem geral ou estes se restringem à leitura e à escrita?

Com base nas respostas e informações colhidas nessa primeira entrevista, o fonoaudiólogo investiga a dimensão da queixa. No que diz respeito à oralidade, algumas questões são pertinentes: o sujeito está na posição de bom ou mau falante? Evita situações de fala? Pede ou espera que falem por ele? Consegue se fazer entender para seus interlocutores, ou seja, seu discurso é acessível, objetivo, relevante? É capaz de imprimir sua intenção discursiva e gerar no outro os efeitos de sentido pretendidos? Consegue relatar algo que leu, a que assistiu ou suas vivências de modo efetivo? Como se dá a tomada de turnos durante as interações em família? Os pais dão espaço para que a criança se coloque? A articulação da fala é precisa ou há imprecisão articulatória? A velocidade da fala é adequada? A intensidade da voz permite que se escute o discurso sem a necessidade de pedidos de repetição? Há alterações de cunho fonético-fonológico? Há problemas semânticos? Há problemas sintáticos? Há problemas discursivos? A fluência é adequada? O sujeito é considerado quieto, "normal" ou falante demais? Durante as conversas em grupo, dá espaço para que os outros se coloquem ou "domina" a situação? Ou não se coloca quando está em grupo? Como se dá a compreensão da fala do outro pelo sujeito? No caso de adolescentes, entende implícitos, ironias?

Ao analisar essas questões é preciso que seus desdobramentos sejam considerados. Assim, se o sujeito for do tipo "quieto", o que isso pode significar? O fato de ser mais calado gera algum sofrimento? Se o sujeito evita situações dialógicas é por que se considera mau falante? Ou ser calado faz parte de seu perfil, não gerando essa situação qualquer sofrimento? Ou seja: se existem problemas, o sujeito tem consciência deles e criou mecanismos para evitar a fala em consequência disso?

O item que avalia a compreensão de implícitos e ironia é relevante no caso do TDAH, pois há queixa frequente de que essas

TDAH E MEDICALIZAÇÃO

crianças são "infantis" e "ingênuas". A seguir, reproduzimos o discurso de uma mãe descrevendo o filho de 12 anos de idade, que foi diagnosticado por volta dos 7 (grifos nossos):

> Ela [a médica atual] pediu pra eu descrever o Miguel, pra dizer como era o Miguel, daí eu disse assim: "Não sei se tu viu aquela novela das oito [Avenida Brasil], o Adauto", então, *o Miguel é muito ingênuo, os meninos ficam caçoando dele e ele não tem noção*... ele fala as coisas fora de hora, sem noção nenhuma... Até minha família notava o jeito infantil dele [...]

Na realidade, como as crianças cujo perfil não corresponde à escola (tradicional) podem ser excluídas de seu grupo de convivência em sala de aula (saídas constantes da sala, cantinho do pensamento, chamadas de atenção frequentes, entre outras medidas punitivas), começam a ser rejeitadas pelos colegas e tendem a se relacionar com crianças pertencentes a outra faixa etária. É comum ouvir de mães de filhos com esse diagnóstico que a criança gosta de brincar com coleguinhas mais novos. E, assim, em decorrência de um círculo relacional restrito e de relações com colegas de faixa etária distinta, podem ter problemas com a percepção de implícitos e ironias. Às vezes, ser considerado "ingênuo" por não captar os implícitos do discurso é uma questão de "rótulo", pois os olhares do entorno estão atravessados pelo TDAH. No entanto, pode existir alguma dificuldade decorrente de mecanismos interacionais, pois é na convivência que a criança percebe melhor seu meio, no sentido de detectar determinados "sinais": tons de fala, brincadeiras, piadas, ironias.

Todas essas questões são avaliadas em processos dialógicos e, por vezes, em atividades dirigidas durante a interação da terapeuta com a família e da terapeuta com a criança. Esta também pode ser avaliada em terapia com outras crianças, em sessões nas quais são propostas atividades conjuntas em jogos de tabuleiro, brincadeiras, rodas de conversa – entre outras atividades que permitem uma avaliação mais acurada das interações verbais. O jogo em grupo (em família e com outras crianças) é um instrumento interessante que permite avaliar: leitura, às vezes escrita (a depender do jogo), interação social, linguagem verbal (forma e discurso), cognição etc.

Já o processo de atenção é avaliado na sua inter-relação com a linguagem. Devemos inclusive descartar questões orgânicas, tais como a perda auditiva[22], que, aliás, não são foco deste capítulo. Avaliamos, assim, se a criança tem atenção aos sons e à fala do outro, como se coloca no diálogo, se faz fuga de tema, se mantém a atenção em atividades e jogos infantis realizados durante a terapia etc. Esses aspectos são alvo de investigação porque constituem objeto de intervenção terapêutica quando existem questões de linguagem e a criança é inserida em terapia.

Se, por exemplo, a criança mantém pouca atenção nas atividades realizadas em terapia, tem pouca "escuta" para a fala do outro e não obedece à tomada de turnos, esses são aspectos a ser trabalhados. Há crianças que não conseguem "esperar" o terapeuta ler uma página de um livro infantil e já vão "passando a página" e falando do próximo desenho. Entendemos essa atitude como um produto social e, pensando assim, podemos reverter o processo por meio das práticas relacionadas às várias formas de leitura.

Com relação aos livros, pode-se começar com histórias mais curtas (e ir ampliando aos poucos a extensão dos textos), livros mais ilustrados, com figuras em relevo; é possível também criar vínculos com os personagens ou utilizar livros cujos personagens já façam parte do cotidiano da criança. Esta também pode ser convidada a participar da história, seja por antecipação do que está por vir, seja por comentários, durante o processo de leitura, que estejam relacionados ao contexto veiculado. Juntos, terapeuta e criança(s) podem construir histórias próprias com base na leitura realizada e preparar apresentações, entre outras atividades que chamem a atenção para essas histórias – que, como sabemos, promovem o letramento de maneira lúdica. Trabalham-se, assim, aspectos de linguagem oral e escrita e processos cognitivos (incluindo a atenção) de forma inter-relacionada.

TDAH e medicalização

TDAH E DIFICULDADES DE LEITURA E ESCRITA

Com relação às dificuldades escolares que acometeriam os indivíduos com TDAH, os estudos indicam taxas de prevalência de 10% a 92%, conforme Barkley (2006). O autor acredita que tal discrepância se deve a dois fatores: a) os aspectos metodológicos, que se diferenciam entre as pesquisas e, por isso, geram diferenças nos resultados dos estudos; b) a própria noção do que seja uma dificuldade de aprendizagem.

No Brasil, os estudos também revelam divergências. Enquanto alguns pesquisadores (Wajnsztejn, 2012) apregoam taxas de 30% a 35% de problemas de aprendizagem associados ao TDAH, outros trabalhos revelam que a maioria das crianças com diagnóstico de TDAH tem dificuldades na escola. Silva (2006), por exemplo, chegou ao percentual de 87,5% de dificuldades de leitura e escrita em crianças com esse diagnóstico.

A explicação dominante para alterações da linguagem escrita em crianças com diagnóstico de TDAH é a de que elas apresentariam atividades cognitivas *supraordenadas* das funções executivas (estabelecimento de metas, programação, iniciação, controle, inibição de interferências, fluência, velocidade, organização temporal, sequencialização, comparação, classificação e categorização), as quais estão associadas com os sistemas corticais e subcorticais dos lóbulos frontais (Cunha *et al.*, 2013). Ou seja, conforme os autores, haveria uma base neurobiológica ocasionando alterações em mecanismos cognitivos que estão associados com a aprendizagem, tais como atenção sustentada, funções executivas e déficit de inibição motora, entre outros. Esses déficits ocasionariam dificuldades nas habilidades metalinguísticas na fase pré-escolar.

De modo geral, alguns estudos (Oliveira *et al.*, 2011; Silva *et al.*, 2011; Cunha *et al.*, 2013) correlacionam o TDAH às seguintes alterações de linguagem escrita:

RITA SIGNOR E ANA PAULA SANTANA

- Falhas atencionais ou de processamento da informação que prejudicariam um processamento visual refinado e comprometeriam o acesso fonológico exigido para a leitura e a escrita de um sistema alfabético.

- Alterações de leitura e escrita decorrentes de déficits em memória de trabalho e consciência fonológica – logo, a realização de provas que envolvem a leitura de palavras irregulares estaria alterada.

- Transtornos de organização sequencial e temporal de fonemas na fala e na escrita, dificuldade de regular a intensidade e velocidade do discurso, recursos linguísticos escassos, ausência de organização textual, problemas na leitura para decodificação, podendo apresentar omissões e substituições de palavras e fonemas, ocorrendo o mesmo na escrita com alteração da ordem lógica das orações e produção textual desorganizada.

- Alteração no desempenho em atividades consideradas mais complexas, como a manipulação silábica e fonêmica, não apresentando alteração de desempenho em habilidades mais simples, como na identificação de sílabas e fonemas.

Tais dificuldades podem ser atribuídas à desatenção, à hiperatividade e à desorganização – características do próprio diagnóstico – e não a um distúrbio de linguagem de base fonológica (Oliveira *et al.*, 2011; Silva *et al.*, 2011; Cunha *et al.*, 2013).

Em suma, os estudos pautados na vertente organicista sugerem que as dificuldades manifestadas pelos escolares com relação ao desempenho em tarefas metalinguísticas (como as voltadas à consciência fonológica) estariam ligadas às características do "quadro TDAH" (déficit na atenção seletiva e sustentada, controle inibitório, funções executivas, memória de trabalho, hiperatividade etc.), sendo essas mesmas alterações, no caso da dislexia, decorrentes de problemas de processamento fonológico.

Ressaltamos que muitas dessas pesquisas são realizadas com grupos-controle, ou seja, com crianças sem diagnóstico (as "normais"),

TDAH E MEDICALIZAÇÃO

para contraposição dos achados com crianças diagnosticadas. Analisando esses estudos, observamos que crianças pertencentes ao grupo dos "normais" parecem se sair melhor nos testes do que aquelas diagnosticadas (TDAH e dislexia) – algo interessante a considerar, uma vez que pesquisadores da corrente organicista afirmam que esses diagnósticos são subnotificados. No caso do TDAH, por exemplo, divulga-se que apenas ¼ dos doentes no Brasil recebeu o diagnóstico (Rohde, 2013). É possível supor, assim, que o grupo dos "normais" seja composto por crianças com TDAH (não diagnosticadas), o que poderia gerar resultados que levantassem essa questão. Ou seja, era de esperar que sujeitos do grupo-controle (inclusos aí os sub-TDAH e os subdisléxicos) manifestassem também dificuldades significativas.

Ocorre que no grupo dos normais devem estar crianças "selecionadas a dedo", ou seja, *crianças com bom desempenho acadêmico*, como no caso da pesquisa de Oliveira *et al.* (2011), que comparou 20 crianças com "bom desempenho acadêmico" com 20 crianças com diagnóstico interdisciplinar de TDAH. Cremos que essa metodologia prejudica a viabilidade dos achados, uma vez que um grupo de crianças com "bom desempenho" comparado a outro com queixa de dificuldades escolares leva a conclusões esperadas:

Os achados sugerem que o grupo de escolares com TDAH apresenta desempenho inferior em relação ao grupo sem dificuldades, o que indica que o fator atencional compromete o funcionamento das funções cognitivas, prejudicando a aquisição das habilidades necessárias para o aprendizado da leitura. (Oliveira *et al.*, 2011)

Assim, a questão não é o TDAH, mas as dificuldades escolares presentes no grupo com queixa. Seria bastante oportuno que esses testes fossem aplicados em todas as crianças de uma mesma sala de aula de uma escola pública sem que os pesquisadores soubessem *a priori* quais delas estariam nos grupos "com dislexia", "com TDAH" e no grupo dos "normais". Cabe dizer que neste último estariam todas as crianças "sem diagnósticos", não apenas as que têm ótimo desempenho na escola.

Acreditamos que se as baterias de testes fossem realizadas desse modo, as "conclusões" talvez fossem diferentes, pois as dificuldades provavelmente seriam *generalizadas*. Ou seja, não poderiam ser correlacionadas à "dislexia" ou ao "TDAH" ou à "normalidade", uma vez que conforme indicadores (nacionais e internacionais) de desempenho parte expressiva das crianças brasileiras chega a níveis avançados na escola com condições muito limitadas de alfabetismo.

O que temos observado é que no grupo dos "normais" encontram-se crianças com as mesmas (ou mais) dificuldades daquelas com diagnóstico de transtornos funcionais específicos, mas essas, ao que os estudos apontam, são excluídas do grupo-controle.

No que concerne ao grupo dos "diagnosticados", entendemos que algumas crianças têm maior acesso à saúde do que outras, seja por terem melhores condições financeiras ou pais/familiares que, mais "abalados" pelas reclamações advindas da escola, terminam por recorrer ao sistema público de saúde. Com isso, alguns alunos são mais suscetíveis de receber um "rótulo", estando os resultados de seus testes propensos a ser correlacionados ao diagnóstico recebido.

Distante dos pressupostos positivistas, a pesquisa de Signor (2013) evidenciou que as dificuldades de escrita não podem ser correlacionadas diretamente ao TDAH. Os procedimentos do estudo envolveram atividades em uma sala do 5º ano com três crianças com diagnóstico de TDAH. Aplicou-se uma atividade de interpretação de texto, uma crônica infantil com tom humorístico. A pesquisadora visava saber quais crianças conseguiriam apreender o humor veiculado pela crônica. Apenas seis alunos foram "aprovados" no teste. Vale dizer que, entre as seis crianças "aprovadas", uma delas tinha o diagnóstico de TDAH.

TDAH e medicalização

Mas não é preciso realizar uma pesquisa em sala de aula para entender que o problema não é restrito ao grupo com o TDAH. Basta ouvir os professores. Vejamos o discurso da professora regular dessa mesma sala de aula:

> Pesquisadora: Você disse que às vezes as crianças não entendem quando você lê a história, que quando tem alguma inferência, algum sentido implícito, elas têm mais dificuldade pra entender...
>
> Professora: Sim.
>
> Pesquisadora: E como é que você sabe? Você pergunta algumas coisas?
>
> Professora: Eles mesmos falam...
>
> Pesquisadora: Ah, eles falam?
>
> Professora: É. "Não tem nada a ver isso aí"... Não precisa nem perguntar, está no olhar deles. Eles não guardam aquilo, né? Criança é bom porque fala, pensa alto... "Não tem nada a ver"; "Ai, que viagem isso aí"... Pelo olhar de ponto de interrogação você já percebe. Pelo gesto deles, pela fala, pelo verbal dá pra perceber. Quando eu passei a crônica dos três porquinhos, cinco alunos riram. Era uma crônica engraçada. Cinco [de 34] eu percebi que entenderam; os outros disseram que era uma viagem... "Que viagem, nada a ver, meu Deus, essa professora tá louca"... O outro: "E agora devoraram o Papai Noel, e agora ficamos sem Natal"... Bem infantil, ele ficou triste com o final da história. Ele levou ao pé da letra.

Como se vê, o "problema" é em boa medida do sistema educacional brasileiro. Dessa forma, estabelecer uma relação direta entre dificuldades de leitura e transtornos funcionais parece ser um equívoco. Logo, ressaltamos que as pesquisas pautadas em testes padronizados devem ser analisadas de maneira bastante cuidadosa com relação aos métodos e procedimentos de testagem, pois relativizam aspectos muito importantes.

Quanto aos procedimentos dos testes, vale destacar que algumas das tarefas requeridas demandam, de modo geral: identificação de letras e sons com palavras e pseudopalavras; leitura de palavras reais e inventadas de diferentes complexidades silábicas;

leitura de palavras de alta frequência curtas, palavras de alta frequência longas, palavras de baixa frequência curtas, palavras de baixa frequência longas, pseudopalavras curtas e pseudopalavras longas; leitura de diferentes estruturas sintáticas; leitura de frases na voz ativa e passiva; e compreensão de textos, entre outros (Oliveira *et al.*, 2011).

Com relação à consciência fonológica, os testes implicam atividades relacionadas a: síntese silábica; síntese fonêmica; julgamento de rima; julgamento de aliteração; segmentação silábica; segmentação fonêmica; manipulação silábica; manipulação fonêmica; transposição silábica; transposição fonêmica (Capovilla e Seabra, 2004).

Observa-se que a grande maioria das atividades para avaliar a leitura envolve estritamente atividades metalinguísticas (atividades de reflexão sobre a língua: completar, parear, nomear, ler palavras sem sentido). Sabe-se ainda que a consciência fonológica se desenvolve juntamente com a aquisição da linguagem escrita e não pode ser considerada, nesse caso, pré-requisito (Blasi, 2006).

Segundo Massi (2007), na situação de teste-padrão, as coordenadas da atividade dialógica se anulam, o que leva a entender que, por meio desses procedimentos, não é possível analisar a linguagem escrita como um fenômeno complexo e multifacetado. Sabe-se que, com frequência, utilizam-se "pseudopalavras", o que nos faz questionar a razão pela qual se usam palavras inventadas, levando em conta que nos textos reais deparamos, em geral, com termos que significam. Mesmo no caso das afasias, em que a rota fonológica pode ter sido afetada em decorrência de lesão focal no SNC, pesquisadores (Coudry, 1988; Santana, 2002) apontam para a necessidade de procedimentos avaliativos contextualizados, voltados para o uso da língua, a fim de que se possa compreender em profundidade as (im)possibilidades do paciente diante de suas limitações.

A esse respeito, Canguilhem (2010) dá um exemplo interessante. Diz o autor: pergunte a um sujeito (afásico) chamado João se ele se chama Ricardo; ele dirá que não. Mas peça a ele que repita, em situação de testagem, a palavra "não"; ele não conseguirá. Ou seja, se, por um lado, o sujeito é capaz, por outro, o que fica evidente é o seu déficit – aquilo que não sabe ou não consegue. Porém, cremos que é partir do que o sujeito consegue que podemos mediar os processos linguísticos para, *com ele*, buscar mecanismos de enfrentamento de possíveis questões. Ademais, pouco interessa se o sujeito não consegue repetir a palavra "não" em situação de teste; o que importa é que se lhe perguntarem "Você quer comer agora?", "Você quer sair?", "Você quer assistir a um filme?" ele consiga dizer "não".

O problema da análise estritamente metalinguística reside nesse recorte (redutor do fenômeno linguístico) pretender dar conta do todo da linguagem, de explicar a linguagem do sujeito, resultando em um diagnóstico centrado no erro (Massi, 2007).

Assim, dificuldades relacionadas, por exemplo, a segmentar o fonema /v/ da palavra "vaca" ("vaca menos *v* fica?") não implicam, de modo algum, distúrbios de linguagem escrita. Tais dificuldades indicam que a criança não está alfabetizada ainda (ou está em processo da aprendizagem da correlação fonema/grafema) ou simplesmente está *perdida* diante da artificialidade do teste.

Desse modo, nos estudos sobre alterações de linguagem e TDAH, em nenhum momento são abordadas questões referentes ao acesso das crianças à cultura escrita. Ou seja, não se sabe nada sobre sua alfabetização, seus hábitos de leitura etc., o que nos leva a crer que os achados são bastante limitados.

Encontramos, ainda, na literatura, autores que justificam quando crianças consideradas portadoras de TDAH se saem melhor do que o esperado na avaliação fonoaudiológica. Costa Lima e Albuquerque (2003), por exemplo, afirmam que *as dificuldades de escrita podem ser mascaradas* durante a avaliação, porque, nessa situação, as crianças tendem a caprichar mais e acabam se organizando mais do que de costume. Isso pode ser constatado ao comparar o desempenho na situação de avaliação com os cadernos dessas crianças, que, frequentemente, segundo as autoras, encontram-se sujos, amassados e rasgados, colocando em evidência sua dificuldade no planejamento motor, na organização espacial e no traçado da letra, que muitas vezes é do tipo "ilegível".

Seguindo essas considerações, perguntamos: como é possível que uma criança, em situação de avaliação, produza um texto mais organizado, mais caprichado e, mesmo assim, porque apresenta cadernos "sujos e amassados", tenha dificuldades de planejamento motor e no traçado da letra? Como uma suposta dificuldade motora seria manifestada apenas no material da escola? Qual é a concepção de linguagem escrita que atravessa a prática avaliativa dessas profissionais? Reportemo-nos às palavras das autoras:

> A escrita pode ser explicada, de modo simplificado, como um conjunto de processos de conceituação, lexicalização e formulação, em que representações semânticas são associadas a representações fonológicas, passando a seguir pela conversão fonema/grafema, e finalmente formuladas sobre a forma de escrita. O ponto central da aquisição da escrita é o domínio das correspondências fonema/grafema, que caracteriza a descoberta da base alfabética de nosso sistema de escrita. O passo seguinte é a aquisição da ortografia e a constituição de uma memória grafêmica. (Costa Lima e Albuquerque 2003, p. 124)

Compreende-se, portanto, que aquilo que se avalia por meio do paradigma organicista não é a linguagem em si, ou seja, o texto como lugar de produção de sentidos. Ao contrário, o olhar é dirigido sobretudo para os aspectos estruturais da língua. Dessa maneira, é "natural" que às crianças sejam dados diagnósticos de distúrbios ou alterações de linguagem, uma vez que, ao se olhar para a forma, o que se vê não é o discurso escrito; o que se vê é a limpeza do caderno, a folha amassada, o traçado da letra, se faltam ou sobram letras, se estas estão invertidas etc. Mais

TDAH E MEDICALIZAÇÃO

problemático do que isso, ao olhar para as letras que faltam, o profissional desconsidera que tais acontecimentos não representam sinais de um distúrbio; ao contrário, fazem parte do processo de apropriação da linguagem escrita.

Tal visão estruturalista da língua e da linguagem visa tomar a língua como um sistema fechado de normas imanentes, reduzindo-a a um código que serve para comunicar. Acreditamos, conforme Massi (2007), que a avaliação da linguagem escrita deva ser realizada em situação de uso efetivo da língua, quando, por meio de processos interativos, o que se busca é a significação. Corroboramos os postulados de Marcuschi (2007, p. 16) quando diz que a língua se funda em seus usos: "Pouco importa que a *faculdade da linguagem* seja um fenômeno *inato*, universal e igual para todos, à moda de um órgão como o coração, o fígado e as amígdalas; o que é importa é o que *nós fazemos* com esta capacidade".

Na avaliação da linguagem escrita, cabe ao profissional, antes de realizar pré-julgamentos (muitas vezes internalizados por meio da assimilação acrítica dos pressupostos da corrente dominante), considerar o contexto mais amplo que assola a realidade brasileira. A fim de problematizar parte da amplitude dessa dimensão contextual, apresentamos uma passagem, *escrita por um linguista*, que resume a situação educacional no Brasil:

> Então, o que o aluno fez nesses anos todos de escola? Será que o ser humano precisa de tanto tempo para aprender tão pouco? O que está errado nesta história? Tenho a certeza de que o aluno não aprende porque a escola não ensina e não sabe ensinar, e os que aprendem o fazem, em grande parte, apesar do que a escola ensina. (Cagliari, 2009, p. 19-20)

Essa passagem é importante porque temos deparado na prática clínica com profissionais que analisam a criança (suas ações, seus dizeres, sua escrita) com uma *tendência* a enquadrá-la em certa condição. Assim, se pesquisadores preconizam que dificuldades de atenção prejudicam a constituição da memória grafêmica,

RITA SIGNOR E ANA PAULA SANTANA

comprometendo a apropriação do sistema ortográfico, erros de ortografia apresentados pela criança poderão ser interpretados como decorrentes de uma desatenção patológica (TDAH). Essa compreensão faz que o fonoaudiólogo se feche ao contexto de ensino, às práticas pedagógicas desfavoráveis, à falta de inserção da criança em práticas de letramento. Revela sobremaneira uma desconsideração do sistema da ortografia da língua portuguesa. Para que haja maior precisão no diagnóstico, é preciso que o avaliador considere as variáveis envolvidas nos aspectos de linguagem escrita e conheça algumas noções relacionadas à natureza do sistema de escrita da língua portuguesa.

A aprendizagem da ortografia, por exemplo, implica um trabalho de reflexão grande por parte do aprendiz, que por vezes se utiliza de possibilidades válidas (Cagliari, 2009). Um aprendiz que escreve "pissina" em vez de "piscina" aplicou uma regra não convencional, mas previsível na medida em que na língua portuguesa um mesmo fonema (por ex. o /s/) pode ser representado por vários grafemas (s, ss, c, ç, sc, xc, sç, x). Os erros, longe de indicar um distúrbio na área da linguagem ou uma alteração de "memória grafêmica", podem revelar hipóteses de crianças que estão se apropriando da língua.

Com base no conhecimento sobre a aprendizagem da escrita – características do sistema alfabético, práticas pedagógicas, métodos de alfabetização, aspectos afetivos e relacionais, aspectos subjetivos, inserção em práticas de letramento, sentido da leitura e da escrita para o sujeito etc. –, é possível desenvolver um olhar avaliativo que esteja direcionado para a compreensão dos *processos* de leitura e escrita, colocando em evidência – por meio de situações concretas de uso da linguagem – não apenas os "déficits", aquilo que a criança ainda não conhece ou não domina, mas também o que ela consegue sozinha e o que consegue com ajuda.

Após análise criteriosa da leitura e da escrita, parte-se para a devolutiva à família e à escola. Para esta última, é fundamental elaborar um parecer diagnóstico apresentando as percepções sobre

TDAH E MEDICALIZAÇÃO

o processo de avaliação. Tais percepções devem estar permeadas pela noção de que o sujeito tem plenas condições de aprendizagem, desde que inserido em processos afetivos e significativos. Assim, a criança com queixa de dificuldades necessita ser deslocada, passando de um lugar de alguém que não sabe e não consegue para o de alguém que sabe e consegue quando se criam as condições para isso. A propósito dessas condições favoráveis à aprendizagem, vejamos no próximo tópico alguns pressupostos que permeiam a prática terapêutica em perspectiva sociointeracionista.

TERAPIA EM GRUPO VOLTADA À PROMOÇÃO DO LETRAMENTO

Independentemente de ter ou não diagnóstico de TDAH, crianças e adolescentes com queixas na área da linguagem e aprendizagem podem ser beneficiadas com atendimentos em grupo. Quando existe o diagnóstico de TDAH e queixa de socialização, o que é comum, a terapia em grupo é até mesmo indicada, pois possibilita trabalhar com aspectos que envolvem a inclusão social – fator esse mediado pelas práticas de linguagem.

É importante assinalar que a abordagem grupal não é vista apenas como meio de atender à demanda, mas como *recurso* terapêutico. É na troca de saberes e vivências intragrupo que os participantes avançam em seus conhecimentos acerca das modalidades oral e escrita da língua.

No que concerne à apropriação da escrita, trata-se de um processo que se concretiza na relação com o outro; pensando desse modo, a união de sujeitos com um objetivo em comum tende a potencializar a aprendizagem, já que as práticas discursivas compartilhadas em torno da linguagem tendem a repercutir positivamente e gerar ganhos para todos os participantes do grupo (Signor, 2010).

Ademais, é na situação de grupo que os sujeitos são conscientizados de que o seu "sintoma" reflete uma dimensão social e coletiva, aspecto que contribui para a desestigmatização e o fortalecimento da autoestima, promovendo a aprendizagem e a ressignificação da queixa. Vê-se, desse modo, a relevância do trabalho em grupo para os sujeitos com diagnóstico de TDAH que buscam ajuda fonoaudiológica.

O profissional que pretende realizar atendimento grupal necessita adotar critérios para o agrupamento dos sujeitos, como faixa etária, condições de letramento dos sujeitos, interesses em comum e possíveis afinidades entre os participantes. Além disso, outras questões devem ser consideradas, como quantidade de integrantes, se o grupo será aberto ou fechado à entrada de novos integrantes e duração de cada atendimento.

Após a formação do grupo, parte-se para a análise da inserção dos sujeitos nas experiências letradas (individuais e em grupo), a fim de refletir sobre a maneira como tais vivências resultam na constituição leitora do sujeito. Algumas perguntas podem nortear tal reflexão: Vocês gostam de ler? O que entendem por "ler"? O que costumam ler? O que leem além do material da escola? O que leem na internet? Seus pais leem ou liam para você quando era menor? Eles gostam de ler? O que costumam ler e com que frequência? Vocês realizam leituras em grupo? Vocês assistem a filmes com legenda? Quais materiais de leitura vocês têm em casa? Vocês gostam de escrever? O que costumam escrever? Gostam de ler e escrever na escola? O que leem e escrevem lá? (Signor e Santana, 2015).

O enfoque grupal conduz ao trabalho em uma perspectiva discursiva, já que nessa teoria se insere uma concepção de linguagem que toma a língua como uma realidade concreta, bem como considera que o conhecimento é gerado na interação social. Nessa abordagem, a terapia se volta para o desenvolvimento de conhecimentos em torno de gêneros discursivos. Estes são concebidos como conjuntos de textos que apresentam certa regularidade. Há inúmeros gêneros que medeiam as interações humanas, como notícia, reportagem, romance, conversa cotidiana, e-mail, bilhete, piada etc. Durante a terapia, os sujeitos são levados a ler e a produzir textos de diferentes gêneros; assim, as propriedades que constituem esses textos são parte do processo terapêutico (Signor, 2010).

Segundo os Parâmetros Curriculares Nacionais de Língua Portuguesa, ensinar a ler e a escrever pressupõe a inserção e a participação ativa do sujeito em uma sociedade letrada. Berberian, Mori-de Angelis e Massi (2006, p. 30) dizem que essa participação depende não apenas da decodificação da linguagem, mas, antes, da possibilidade de ler textos de gêneros discursivos diversos, "sendo capaz de abstrair deles a posição enunciativa, política e ideológica de seu autor, de reconhecer e interpretar seus recursos estéticos e de compreender (para discordar ou concordar) de seus conteúdos". Depende também da possibilidade de produzir textos orais e escritos, para imprimir posições por meio do domínio de suas temáticas e de seus recursos linguísticos. Resumindo: depende antes de tudo de o sujeito ser/estar inserido nessas interações mediadas pela linguagem escrita.

Depois de realizada a análise das experiências letradas dos sujeitos, parte-se para a seleção dos gêneros que serão abordados em terapia. Para que os interesses sejam promovidos em torno de um gênero é preciso que haja um período de experimentação. Assim, se os participantes do grupo não leram ou nunca ouviram uma crônica lida por alguém, podem, se inseridos em práticas de escuta ou leitura de textos desse gênero, interessar-se por ele. No caso da crônica, há muitos textos destinados ao público infantil e adolescente, e como esse gênero costuma retratar aspectos do cotidiano, tende a despertar o gosto pela leitura.

A proposta de trabalho envolta pela noção de gêneros do discurso (Bakhtin, 2003) permite que se trabalhe a oralidade, a leitura e a escrita como processos inter-relacionados. Por exemplo, ao se eleger em clínica o gênero "peça de teatro" – concretizado em uma proposta de produção de roteiro escrito e na encenação pelos participantes do grupo –, é necessário desenvolver atividades de linguagem oral e escrita.

Assim, com relação à linguagem escrita, são requeridas leituras de várias peças de teatro e a análise linguístico-discursiva destas para que as propriedades do gênero em questão sejam apreendidas pelos integrantes do grupo. Mais atividades podem ser desenvolvidas nessa produção, como elaborar uma entrevista para um dramaturgo, assistir a uma peça de teatro e pesquisar sobre a história do teatro, entre outras ações que possibilitem o desenvolvimento de competências em leitura e escrita (Signor, 2010).

Para que a peça elaborada seja encenada pelo grupo, é necessário desenvolver aspectos da oralidade: o discurso dos "atores" tem de ser claro e bem articulado; a velocidade de fala deve ser adequada para que o público compreenda o que está sendo dito.

Ademais, no que diz respeito ao trabalho voltado à linguagem oral, a situação de grupo permite uma ação terapêutica interacional: o que se diz, como se diz, em que momento, qual é a intenção comunicativa, quais são as características do discurso etc. Os momentos de troca de experiências no grupo são relevantes, ainda, para promover situações de confronto – que ocorrem, por exemplo, quando a criança, bastante envolvida nas atividades propostas, diz que é "agitada", que "não presta atenção em nada", que "não consegue aprender", que "tem dificuldades", entre outros dizeres que revelam a interiorização de um discurso que pode ser ressignificado sob a mediação do fonoaudiólogo.

Quanto à escrita, portanto, a proposta de trabalho nessa perspectiva contempla todas as dimensões da linguagem: as discursivas mais amplas, as questões de texto e os aspectos formais.

Para o trabalho com gêneros textuais, é bom que se considere também o suporte em que o gênero abordado frequentemente circula. Por exemplo, ao se trabalhar com o gênero crônica, os textos selecionados podem ser os compilados em livros, mas também as crônicas de jornal, mais atuais. Afinal, uma crônica escrita há 30 anos pode fazer sentido para pessoas com mais de 40 anos, por exemplo, mas talvez não provoque os efeitos pretendidos naqueles que não vivenciaram a época descrita pela crônica.

Além das questões de gênero e dos contextos de produção (quem escreveu, para quem, em que momento histórico), os

TDAH E MEDICALIZAÇÃO

aspectos discursivos envolvem a intenção de quem fala, a produção de sentidos e o projeto discursivo.

Características formais, pontuação, ortografia e paragrafação, entre outros, são trabalhados, nessa ótica, como elementos que favorecem a percepção dos sentidos por parte do leitor. Assim, em: "Ah não, tem um ladrão pulando a janela" ou "Ah, não tem um ladrão pulando a janela", a posição da vírgula revela ou não a presença do ladrão.

Na proposta de trabalho em grupo, os textos produzidos são revisados em conjunto; nesse processo, é comum que os outros vejam o que o sujeito muitas vezes não consegue perceber. Desse modo, quando traços da ordem da língua ou do discurso são percebidos como inadequados, acabam sendo trazidos à discussão, o que promove avanços nos processos de letramento.

Com relação aos aspectos notacionais, quando se observa a substituição de letras parecidas, o conhecimento linguístico dos sujeitos falantes é requerido na interação. Então, ao escrever, por exemplo: "Coloquei três fatias de queixo no meu lanche" ou "Meu cafalo mora na fazenba do meu avô", os participantes, durante a interação grupal, são levados a compreender que, pelo contexto semântico, a palavra "queixo" não se encaixa ao primeiro enunciado, e, no segundo caso, a substituição de "v" por "f" e de "d" por "b" produz palavras que não pertencem ao léxico da língua.

Quanto ao uso indevido de letras, trata-se de um problema bastante recorrente. Nos trabalhos de produção ou revisão de texto em grupo, o fonoaudiólogo pode dispor de uma folha em branco e sugerir aos sujeitos que grafem determinada palavra considerando suas formas possíveis ("dise", "disce", "disse", "dice", "diçe"). Assim, recorrendo à memória lexical, tende-se, nas palavras frequentes da língua, a chegar à forma convencional.

Também se pode recorrer aos processos gerativos. Dessa maneira, se "gelo" é uma palavra escrita com "g", possivelmente "gelado", "geladeira", "gelatina" e outras derivadas dela também serão. No entanto, nem sempre ocorre dessa forma. Vemos, por exemplo, que "viajar" se escreve com "j", mas "viagem" se escreve com "g", a não ser que seja o verbo "viajem". De todo modo, é possível, em meio a propostas contextualizadas de uso da língua, problematizar e buscar regularidades na ortografia.

A hipercorreção, por sua vez, pode também provocar discussões em torno da busca de regularidades. Por exemplo, há uma instabilidade acentuada entre as crianças no que se refere à terminação de "u"/"l" em final de palavra. Os sujeitos podem ser conduzidos à percepção de que palavras que finalizam em ditongo decrescente ("sol", "farol", "mel") terminam com "l", ao passo que terminações em ditongos crescentes ("meu", "seu", "aconteceu", "pintou") finalizam em "u". Essa regra tem uma exceção em palavras acentuadas, que, apesar de finalizarem em ditongos decrescentes, terminam com "u" em virtude do acento gráfico ("céu", "chapéu", "véu") (Signor e Santana, 2015). Essa e outras "normas" podem ser construídas no grupo – o que torna a aprendizagem mais produtiva e, portanto, significativa. Portanto, os processos metalinguísticos, se inseridos em contextos de sentido, como os que ocorrem nos textos produzidos que são revistos com a finalidade de publicação, geram avanços e apropriação de conhecimentos.

Quanto aos aspectos textuais, é preciso observar coerência, coesão, progressão temática e referencial. Deve-se conscientizar o sujeito de que seu texto será lido por outras pessoas e de que o processo de escrita, para se efetivar, pressupõe torná-lo acessível aos leitores.

As crianças podem ainda escrever textos sem determinadas informações importantes (texto lacunar). A intervenção fonoaudiológica se dá, nesse caso, por meio de questionamentos para que o sujeito reflita sobre as possíveis dificuldades enfrentadas pelo leitor para captar os sentidos do dito. Assim, em meio a atividades de escrita, revisão e reescrita de textos, os sujeitos vão gradativamente se apropriando da linguagem escrita nos seus aspectos formais, textuais e discursivos.

Cabe reiterar que um trabalho centrado na perspectiva dialógica de linguagem implica a divulgação dos textos produzidos nas sessões fonoaudiológicas, seja em jornais confeccionados pelo grupo, seja em blogues, revistas, murais etc., o outro deve sempre permear os processos de leitura e escrita.

Entendemos que ser escritor, *produzir textos*, significa agir sobre o outro, pois se produzem sentidos com e para o outro. Pressupõe--se, então, uma parceria em que um sujeito que sente e pensa – portanto, que diz – enuncia para outro sujeito que igualmente pensa, sente e diz. É necessário, então, que ambos se apropriem de uma série de capacidades linguístico-discursivas e cognitivas. Ser leitor, *compreender textos*, é também se apropriar dessas capacidades e, para além de saber relacionar grafemas e fonemas, interagir e engajar-se em um processo de construção de sentidos, "mergulhando" no querer-dizer do outro. Assim, trazer o outro para a terapia em linguagem permite transformar aqueles que nas/pelas práticas de linguagem se desenvolvem (Signor, 2010).

O trabalho com a língua em perspectiva discursiva é igualmente relevante para dar outro sentido à relação da criança com a aprendizagem da escrita. Muitas vezes, por exemplo, as crianças entendem que os erros ortográficos ocorrem por falta de atenção. Vejamos este diálogo vivenciado em terapia em grupo (Machado, 2007, p. 120):

Terapeuta: Por que você acha que escreveu essa palavra assim?

Criança: Porque não estava prestando atenção.

Terapeuta: Então está bem, vamos todos prestar bastante atenção e eu vou dizer outras palavras para vocês escreverem. [...]

Terapeuta: Está todo mundo prestando atenção? Então por que você acha que a troca apareceu do mesmo jeito? Será que não tem nada a ver com prestar atenção?

Criança: É porque eu sou burro mesmo.

Terapeuta: Então você acha que todo mundo é burro, porque quase todo mundo já trocou ou ainda troca "m" por "n".

Criança: Então é porque a gente não lembra.

Notam-se os diversos sentidos atribuídos à escrita fora do padrão: ora o problema é a atenção, ora é a memória, ora é a inteligência, estando sempre voltado para algo individual e interno à criança. Quando esta recebe um diagnóstico, pode carregar culpas sem saber que esse processo envolve em grande medida questões sociais, educacionais, culturais e linguísticas. Por isso, cabe ao terapeuta ressignificar a queixa e modificar a relação da criança com a linguagem, que está prenhe de discursos negativos e de incapacidade.

5 O TDAH no contexto educacional

O TDAH NAS POLÍTICAS EDUCACIONAIS

As políticas educacionais dos últimos anos promoveram mudanças que ocasionaram a democratização do acesso à educação e modificaram o perfil dos alunos. O aumento das vagas ofertadas pelos setores público e privado e a Política de Educação Especial na Perspectiva Inclusiva (Brasil, 2008) têm permitido a inserção de estudantes de setores socioeconômicos distintos em todos os níveis educacionais.

O documento que marca o início desse processo no país é a Constituição Federal de 1988, que no artigo 205 define "a educação como direito de todos, dever do Estado e da família, com a colaboração da sociedade, visando ao pleno desenvolvimento da pessoa, seu preparo para o exercício da cidadania e sua qualificação para o trabalho". A partir da Constituição, vários documentos legais foram elaborados.

Contudo, ao que parece, as instituições educacionais não estão preparadas para acolher a diversidade de alunos com perfis completamente diferentes do esperado, ou seja, do "aluno ideal" – interessado, atento, que gosta de ler e de aprender as matérias didáticas. Excluídos socialmente, os alunos que se diferenciam da homogeneidade almejada são, muitas vezes, diagnosticados com transtornos funcionais específicos. Ao receber esse diagnóstico, a família tenta receber atenção especial, algo que possa de alguma maneira promover a inclusão do aluno que já foi, de certa forma, excluído por meio da *medicalização*.

Cabe aqui questionar se os alunos com TDAH seriam público de alguma política educacional específica. O artigo V da Resolução CNE/CEB n. 2, que rege as Diretrizes Nacionais para a Educação Especial na Educação Básica, explicita quem são os educandos com necessidades educacionais especiais – alunos que, durante o processo educacional, apresentarem:

> I – Dificuldades acentuadas de aprendizagem ou limitações no processo de desenvolvimento que dificultem o acompanhamento das atividades curriculares, compreendidas em dois grupos:
> a) aquelas não vinculadas a uma causa orgânica específica;
> b) aquelas relacionadas a condições, disfunções, limitações ou deficiências;
> II – Dificuldades de comunicação e sinalização diferenciadas dos demais alunos, demandando a utilização de linguagens e códigos aplicáveis;
> III – Altas habilidades/superdotação, grande facilidade de aprendizagem que os leve a dominar rapidamente conceitos, procedimentos e atitudes. (Conselho Nacional de Educação, 2001)

Assim, os alunos considerados portadores de transtornos, disfunções e dificuldades (sem causa orgânica) seriam parte do público-alvo da educação especial. Porém, o documento mais recente da Política Nacional de Educação Especial na Perspectiva da Educação Inclusiva, de 2008, deixa claro que isso não procede:

> Na perspectiva da educação inclusiva, a educação especial passa a constituir a proposta pedagógica da escola, definindo como seu público-alvo os alunos com deficiência, transtornos globais de desenvolvimento e altas habilidades/ superdotação. Nestes casos e outros, que implicam transtornos funcionais específicos, a educação especial atua de forma articulada com o ensino comum, orientando para o atendimento às necessidades educacionais desses alunos. (Brasil, 2008, p. 15)

Acreditando que as políticas educacionais vigentes não asseguram direitos aos alunos com diagnóstico de TDAH, grupos

TDAH E MEDICALIZAÇÃO

políticos, órgãos de classe e associações, como a Associação Brasileira do Déficit de Atenção, têm lutado por uma política específica para o TDAH, por meio de leis que garantam sua identificação precoce e tratamento. Uma dessas tentativas mais recentes é o Projeto de Lei n. 7081/2010, de autoria do senador Gerson Camata (PMDB), cuja relatoria é da deputada federal Mara Gabrilli (PSDB-SP). Tal PL visa instituir, no âmbito da educação básica, a obrigatoriedade da manutenção de programa de diagnóstico e tratamento do TDAH e da dislexia. Aprovado no senado, aguarda o parecer da Comissão de Finanças e Tributação (CFT)[23] para ser implantado. Vejamos alguns de seus pontos:

- O diagnóstico e o tratamento devem ocorrer por meio de uma equipe multidisciplinar da qual participarão, entre outros, educadores, psicólogos, psicopedagogos, médicos e fonoaudiólogos.
- As escolas de educação básica devem assegurar às crianças e aos adolescentes com dislexia e TDAH o acesso aos recursos didáticos adequados ao desenvolvimento de sua aprendizagem.
- Os sistemas de ensino devem garantir aos professores da educação básica cursos sobre diagnóstico e o tratamento de dislexia e TDAH, a fim de facilitar o trabalho da equipe multidisciplinar.

É interessante destacar que o Brasil já conta com o Plano Nacional da Educação (2014-2024) que tem como diretrizes: a erradicação do analfabetismo; a universalização do atendimento escolar; a superação das desigualdades educacionais, com ênfase na promoção da cidadania e na erradicação de todas as formas de discriminação; a promoção dos princípios do respeito aos direitos humanos, à diversidade, entre outras.

Entendemos que cabe à escola atender à diversidade de alunos que nela ingressarem. Para tanto, o poder público necessita fornecer cursos de capacitação, a fim de que todos os professores tenham formação suficiente para promover um ensino de excelência. O professor bem formado e apto a atender à heterogeneidade presente em todas as escolas não necessitaria ser "treinado" para diagnosticar possíveis sinais de transtornos. A esfera política, portanto, tem de garantir cursos aos professores, mas tal formação não deve estar voltada à identificação de doenças, e sim à promoção da aprendizagem efetiva, considerando as diretrizes que movem a escola diversa, multicultural e de qualidade.

Para Geraldi (2014), nesses cursos de capacitação os docentes recebem informações relacionadas aos inúmeros transtornos que atingem os alunos. Os percentuais divulgados são tão alarmantes que sugerem verdadeiras epidemias "para as quais o tratamento é sempre medicamentoso". Nos termos do autor, "nas palestras gentilmente realizadas nas escolas e nas redes de ensino do município e do estado, os professores recebem canetinhas e caderninhos com formulários para diagnosticar as crianças que não aprendem, e são instruídos a encaminhá-las ao serviço de saúde" (p. 24-25).

Segundo Geraldi (2014), a competência dos professores é fruto da aquisição de conhecimentos da área específica de atuação. Logo, a postura de ensinar a fazer diagnósticos como se tem feito na formação continuada apenas aprofunda a medicalização sem preocupação real com os problemas de ensino, fragilizando ainda mais o processo de aprendizagem. Além de TDAH e dislexia, que constituem os diagnósticos mais recorrentes, muitos outros perfazem o repertório do manual de psiquiatria, como o TOD (Transtorno Opositivo Desafiador), que atinge o grupo de crianças desobedientes e desafiadoras.

Essas "patologias" mostram que vivenciamos, nos termos de Collares, Moysés e Ribeiro (2013), a "era dos transtornos", o que significa que nossas ações estão sendo transformadas em doenças para que, enfim, sejamos todos bioconsumidores. A criatividade, o questionamento, a dúvida e até mesmo o ato de "falar demais" transformam-se em problemas mentais que devem ser corrigidos com medicação tarja-preta. Afinal, a sociedade precisa produzir "corpos dóceis", como diz Foucault (2001), autor que sempre discutiu a não aceitação de determinados comportamentos e a tentativa de controlar e puni-los, o que podemos chamar de disciplina, observando que:

> [...] a disciplina fabrica, assim, corpos submissos e exercitados, corpos "dóceis", de forma que, nas escolas, o treinamento ocorre com poucas palavras, nenhuma explicação e silêncio total, que seria interrompido por sinais (gestos, olhar do mestre, sinos). É necessário esse treinamento para que se possa ter uma sociedade *perfeita,* fácil de administrar.

O discurso da área da saúde sobre os déficits apresentados pelos alunos é veiculado na escola, na família e pelos próprios sujeitos – que, de um lado, passam a ser "anormais" e, de outro, ganham "direitos" especiais em virtude disso. A medicalização imputa a responsabilidade pela educação da criança a outros profissionais (professor exclusivo, médico, psicopedagogo, fonoaudiólogo), pois o aluno com o diagnóstico é transformado em um "sujeito de direitos" – inclusive o direito a ser tratado (Caliman, 2013).

De acordo com Caliman (2013, p. 116, grifo nosso), "um biodiagnóstico pode conferir direitos políticos, educacionais, trabalhistas em uma sociedade altamente excludente e desigual, *na qual é comum ver-se alijado de seus direitos de cidadão".* Pensamos que o aluno não deveria ter direito a um "diagnóstico", a realizar avaliação oral ou a ter um professor exclusivo – seus direitos envolveriam uma escola de qualidade, diversa, multicultural, que o acolhesse em suas singularidades.

É por isso que nos preocupam as implicações de uma lei que confere aos docentes a possibilidade de realizar pré-diagnósticos – o que, aliás, já vem ocorrendo. Nesse contexto, pergunta-se: se o Brasil é o vice-campeão mundial no consumo de medicamentos para o tratamento do TDAH, derivaria a *não* aprendizagem da escassez de diagnósticos e tratamentos? Acreditamos que, se medicar e tratar fosse a solução, o Brasil estaria no topo do Programa Internacional de Avaliação de Estudantes (Pisa), e não entre os últimos colocados. A esfera política e educacional acaba sendo um veículo de interesses que procuram ampliar o fenômeno da medicalização. Como, em geral, os políticos pouco entendem de processos socioeducacionais, pedagógicos, subjetivos, afetivos e interacionais, entre outras questões envolvidas na aprendizagem, elaboram projetos e ações com base em um discurso medicalizante.

Assim, criar uma política específica para identificar TDAH e dislexia provavelmente não favorecerá a aprendizagem, uma vez que as dificuldades escolares dos alunos muitas vezes não são uma questão de doença: há aspectos relacionados ao letramento, às práticas de leitura da família, do sujeito e, sobretudo, dos docentes. A "caça aos doentes" apenas contribuirá para que a instituição escolar se legitime *de vez* como espaço de exclusão.

Por fim, vale ressaltar que vários desses diagnósticos (TDAH, dislexia, distúrbios de processamento auditivo etc.) conferem aos educandos certas "facilidades", como mais tempo para realizar provas, avaliação oral, avaliação diferenciada, prazo estendido para conclusão do curso de graduação, auxiliar em sala etc. Contudo, como não há uma lei específica, essas ações podem se modificar de uma instituição para outra.

TDAH: UM TRANSTORNO QUE SE CONSTRÓI NA ESCOLA?

A fim de discutir como a queixa inicial parte da escola, apresentamos relatos de mães que denotam como os "sintomas" representam uma construção social.

Mãe: Fomos chamados [na escola] porque as professoras sentiam certa preocupação com a agitação dele, de não seguir normas, quando era para as criaças sentarem ele não sentava [...] Quando ele foi para o colégio, intensificou-se. Percebemos que o Antônio era um amor em casa e na escola mudava totalmente...

Pesquisadora: E você não conseguiu perceber o que estava acontecendo?

Mãe: Eu não entendia o porquê, eu pensava assim: "Ah, ele não quer desagradar a gente... Nós somos pais rígidos, será que é por que ele tem medo?"

[Mãe de Antônio, 12 anos]

É raro ouvir das mães que a criança é "um amor" em casa – no sentido de "ser tranquila" –, sobretudo quando se trata de meninos. Às vezes, a criança é considerada bem ativa, mas o adjetivo "agitada", para os pais (até serem convencidos sobre a doença), não tem uma conotação negativa, de transtorno ou de algo que fuja da normalidade, como é possível depreender por meio do discurso a seguir:

Pesquisadora: E o que você pensa desse diagnóstico de TDAH?

Mãe: Ah, foi no ano passado que o pessoal aqui do colégio falou, né?

Pesquisadora: Você não achava?

Mãe: Não. Ele é agitado, mas, normal... Eu vi que estava sendo demais, elas sempre falando, e nos encaminharam para vários lugares. Eu nunca podia levar. Agora, com convênio, é mais fácil. Comecei a marcar médico, exames...

[Mãe de Adriano, 10 anos]

Inúmeros pesquisadores da corrente organicista alegam ser natural que o problema se manifeste na escola, local em que a criança tem de se submeter a regras, permanecer sentada durante horas e fazer atividades tipicamente escolarizadas – como a realização de tarefas que requerem mais da função atentiva.

Evidentemente, como situação interacional mais formalizada, o contexto escolar apresenta exigências próprias. No entanto, como um distúrbio mental poderia se manifestar apenas na escola ou no momento da realização das tarefas escolares? Nessa linha, as perguntas que movem alguns pensadores da contracorrente são: de que modelo de escola estamos falando?

De que sujeitos? De que forma de ensino? Seria o "transtorno" uma rejeição ao que a escola tradicional propõe? Tratar-se-ia de resistência aos processos de estigmatização? Estamos falando de um problema de falta de dopamina no cérebro, como preconizam alguns pesquisadores da vertente dominante?

Além disso, a questão envolve *diferenças* individuais. Sejam adultos ou crianças, algumas pessoas gostam mais de estudar – de ler, de aprender línguas, de praticar esportes, –, outras, menos. Muitos adoram *videogame*, enquanto outros detestam. Algumas pessoas são mais passivas, se submetem com mais facilidade às normais sociais, enquanto outras se mostram questionadoras. Obviamente, temos dificuldade de nos manter atentos a algo que não nos traz qualquer prazer.

Aquino (1996) entende que a escola está diante de um novo aluno, um sujeito histórico, mas, em certa medida, espera o mesmo sujeito submisso e temeroso de antigamente. Guarda-se uma herança pedagógica (memória discursiva?) distante da realidade dos dias atuais. Idealiza-se um sujeito universal, como se todos pudessem ser iguais em suas possibilidades.

Na busca do "sujeito universal", inúmeras escolas rejeitam parcela expressiva de seus alunos. Eles chegam a adentrar o espaço escolar, mas, uma vez lá dentro, sofrem as investiduras de um processo de exclusão social. Para Bourdieu e Champagne (2011), a exclusão atual é mais estigmatizante e totalizante do que no passado, na medida em que hoje, tendo o acesso garantido, a criança que se perder pelo caminho o fará em virtude de suas atribuições individuais.

O fato é que o interesse das crianças pela escola tem diminuído consideravelmente em um mundo digital de iPods, iPads, iPhones, Facebook, novos *videogames*... Distante dessa efervescência tecnológica e das interações mediadas por esse "novo mundo", a escola não avança no mesmo ritmo da sociedade. Os alunos acabam por manifestar "desatenção" ao que a instituição oferece, pois os objetos do desejo estão atrás dos muros da escola (ou guardados nas mochilas). Segundo Masini (2013), um novo aluno pede uma nova escola. Para a autora, ainda há quem pendure figuras no quadro para que os alunos descrevam o que há nelas, visando, por exemplo, à aprendizagem do texto descritivo. Além disso, em paralelo à evolução tecnológica, houve avanços nas relações entre adultos e crianças (pais/filhos, professores/alunos) ao longo do tempo. As relações eram regidas pelo medo da punição, entendida como agressão física de pais e educadores. Ainda que permaneçam as práticas punitivas, seguindo na atualidade uma nuance mais tecnológica, a interação altamente assimétrica entre adultos e crianças cedeu espaço a uma relação menos desigual. Uma nova geração se criou. As crianças estão mais ativas, mais responsivas, mais contestadoras.

Assim, é necessário que nos centremos na problemática da educação brasileira, algo que pode ser constatado por meio de observação em salas de aula ou em pesquisas que revelam uma faceta da realidade:

Em um levantamento feito pelo grupo de educação MindGroup, 68% dos docentes dizem ter alguma dificuldade de vínculo com seus alunos e 1 em cada 3 professores afirmam ter alto nível de dificuldade nessa relação.

O estudo foi feito com cerca de 500 professores das redes pública e privada de 11 Estados brasileiros e do Distrito Federal.

Na rede pública, os professores estão pouco motivados. O estudo apontou que cerca de 74% dos profissionais da rede pública mostraram traços de desmotivação e ansiedade.

"O professor sofre pressões de cobrança das instituições, transferência de responsabilidades das famílias, tem escassas ferramentas de suporte e baixo investimento em programas de engajamento e formações mais práticas. Isso faz com que os educadores se sintam despreparados, desamparados e desmotivados, o que pode impactar na implementação de uma aula com maior nível de qualidade", afirma a psicóloga Anita Abed, uma das responsáveis pelo estudo.

[...] Na rede pública, o retrato foi pior: 7 em cada 10 professores afirmaram ter alguma dificuldade no planejamento de aulas[24]. (1 em cada 3 professores..., 2015)

E, em consequência dessa situação, parte expressiva dos estudantes tem dificuldade de aprender. Vale observar, ainda, as avaliações internacionais de desempenho em leitura, ciências e matemática, a exemplo do Programa Internacional de Avaliação de Estudantes (Pisa). Em 2012, os brasileiros ficaram na 58ª colocação entre 65 países participantes. Na edição anterior, realizada em 2009, o país ficou na 54ª., o que mostra que a educação vem se deteriorando no decorrer dos anos. Vejamos:

Quase metade *(49,2%) dos alunos brasileiros não alcança o nível 2* de desempenho [em leitura] na avaliação que tem o nível 6 como teto. Isso significa que eles não são capazes de deduzir informações do texto, de estabelecer relações entre diferentes partes do texto e não conseguem compreender nuances da linguagem [...]

No exame de ciências, 55,3% dos alunos brasileiros alcança apenas o nível 1 de conhecimento, ou seja, são capazes de aplicar o que sabem apenas a poucas situações de seu cotidiano e dar explicações científicas que são explícitas em relação às evidências [...]

2 em cada 3 brasileiros de 15 anos de idade não conseguem interpretar situações que exigem apenas deduções diretas da informação dada, não são capazes de entender percentuais, frações ou gráficos. (Pisa: desempenho do Brasil..., UOL, 3 dez. 2013)[25]

Demo (2012), considerando a realidade do a(na)lfabetismo no Brasil, diz que boa parte dos alunos chega ao 5º ano ainda analfabeta; constatação que vai ao encontro dos dados do Sistema de Avaliação da Educação Básica (Saeb), que revelam que apenas 5% das crianças do 4º ano têm desempenho adequado em leitura. Leite (2007, p. 301), considerando os resultados desses indicadores, afirma que "há um quadro de falência – ou pré-falência – na educação brasileira, apesar do que é apresentado pela propaganda oficial".

Esse quadro é tão caótico que o *fracasso escolar* no Brasil tem sido objeto de pesquisa há mais de cem anos. Segundo Angelucci

TDAH e medicalização

et al. (2004), historicamente o fracasso escolar estava voltado às seguintes questões:

a) *O fracasso escolar como problema psíquico*: a culpabilização das crianças e dos pais. Já antes do século XX, a causa do fracasso ora estava relacionada à raça, ora à inteligência, ora à classe social, ora aos déficits culturais[26].

b) *O fracasso escolar como problema técnico*: culpabilização do professor e de sua má formação (a partir da década de 1990).

c) *O fracasso escolar como questão institucional*: lógica excludente da educação escolar. A escola é desigual e a análise dos processos institucionais leva à produção do fracasso. Nessa visão, a própria política pública se encontra entre os determinantes deste. O insucesso de reformas e projetos nessa direção é explicado pelo conservadorismo dos professores que, pela resistência à inovação, prejudicam a sua implementação.

d) *O fracasso escolar como questão política*: cultura escolar, cultura popular e relações de poder. O foco incide nas relações de poder estabelecidas no interior da instituição escolar, mais especificamente na violência praticada pela escola ao se estruturar com base na cultura dominante e não reconhecer – e, ainda, desvalorizar – a cultura popular. Essas pesquisas criticam as relações causais lineares entre "problemas individuais" e "problemas de aprendizagem" para explicar as dificuldades de escolarização dos alunos oriundos das classes populares, questionando a polarização entre indivíduo e sociedade; compreendem a constituição do sujeito nas condições concretas de existência num determinado lugar da hierarquia social.

> Há, portanto, uma ruptura epistemológica: do conhecimento *sobre* a "criança fracassada", o "professor incompetente", *as* "famílias desestruturadas" para o conhecimento que incorpora a fala *dos* alunos, *dos* profissionais da escola, *das* famílias das classes populares, numa proposta de resgate da legitimidade de seus saberes, experiências e percepções. (Angelucci *et al.*, 2004, p. 63)

Quando não se levam em consideração as questões sociais, em muitos casos, as dificuldades de leitura são medicalizadas em diagnósticos como dislexia e TDAH; ou, ainda, as dificuldades dos alunos são todas relacionadas diretamente às deficiências orgânicas. Segundo Meira (2012), a escola não cumpre sua função de socialização do saber e produz *patologias* para serem tratadas nos serviços de saúde. Isso decorre do impedimento de acesso de parte expressiva das crianças aos bens culturais, sendo consequência de um processo de ocultação da produção e reprodução das desigualdades sociais. Porém, contra isso, surgem debates em torno da medicalização.

Para Moysés e Collares (2009), não se nega que as pessoas tenham dificuldades nem que elas lidem de diferentes modos com a linguagem escrita. O que se questiona é a transformação dos sintomas em uma pretensa doença neurológica que jamais foi comprovada. Fazer esse tipo de relação direta é legitimar a medicalização que se dá quando o social é reduzido a mais uma variável e as relações biológicas são naturalizadas.

A educação brasileira está medicalizada, mas mesmo consumindo remédios as crianças não aprendem, não se comportam, não se atentam – o que leva a crer que o problema não se reduz aos genes defeituosos nem aos neurotransmissores. As questões envolvidas são extremamente complexas e difíceis de ser entendidas; talvez por isso o pensamento organista seja dominante, uma vez que se pauta em explicações unidirecionais, mais fáceis de "apreender".

O relato a seguir, de uma professora do 5º ano de uma escola pública, mostra como o problema é coletivo (grifos nossos):

> Se você perceber, tem aluno que tá no concreto ainda... Eles estão contando quadradinhos... [referindo-se a uma atividade observada pela pesquisadora], não têm aquela noção de calcular linha e coluna. *Eu repito, repito, mas parece que não entra...* [...] Já estão no 5º ano, era pra terem saído dessa fase. Concreto é primeiro, segundo, terceiro ano. Mas no 5º ano ainda estão na contagem?

TDAH e medicalização

Esse excerto revela que o ensino, de forma geral, e o próprio funcionamento da escola, necessitam de um amplo e profundo diagnóstico. As atividades propostas produzem "sintomas" de desatenção porque não instigam descobertas; talvez seja essa a razão do alheamento dos alunos. O relato da professora resume a angústia dos educadores diante das dificuldades de seus alunos. Incrivelmente desamparados, eles utilizam o encaminhamento de alunos a profissionais de saúde como válvula de escape – trata-se de uma tentativa de compreender uma situação caótica sobre a qual não têm nenhum controle. Os alunos, por sua vez, enredados nas teias dos diagnósticos (Moysés e Collares, 2013), não conseguem se libertar do "sintoma", pois medidas reducionistas tendem a agravar e não a solucionar a problemática que se apresenta.

Segundo Diniz (2008), com a abordagem organicista cunhada pela psicologia e a introdução do discurso médico no ambiente escolar, passa-se a buscar nas disfunções neurológicas ligadas ao desenvolvimento do sistema nervoso as explicações para o fracasso escolar de boa parte de crianças. Estas são nomeadas com novos significantes, que as identificam como portadoras de dislexias, disortografias, discalculias ou dispraxias. Os sintomas do TDAH tornam-se, de forma comum e indiscriminada, justificativa para o fracasso escolar.

ESCOLA, FAMÍLIA E VALORES MORAIS

Inúmeras escolas costumam imputar aos familiares os "problemas comportamentais" dos alunos. É o tal reducionismo ou determinismo que permeia as formas de pensamento na sociedade e em nada contribui para a resolução dos problemas. É certo que a família tem parcela de responsabilidade, mas, segundo Vigotski, o comportamento é fruto de uma multiplicidade de fatores que extrapolam o contexto familiar. Além de pais, avós, irmãos, primos e tios, existem professores, amigos, colegas, religiosos, professores, vizinhos, mídia... Assim, toda uma cultura orienta as ações individuais (Rego, 1996), e nenhum desses elementos age de forma direta, porque há sempre uma síntese, ou seja, uma dialética entre fatores externos e internos.

No que diz respeito aos pais, ou a quem assume esse papel, é importante assinalar que existem determinadas "configurações familiares" que podem incidir na formação das crianças.

Apoiada na literatura da área, Rego (1996) mostra alguns estilos de educação paterna. Existem os *pais autoritários*: pouco afetuosos, pouco comunicativos e muito rigorosos com os filhos, que são extremamente controladores e restritivos e valorizam as regras por eles definidas, sendo a transgressão delas punida com ameaças e castigos. Em direção contrária a essa postura, existem os *pais permissivos*: afetuosos, dialógicos, que consideram a relevância da opinião dos filhos, mas criam um ambiente familiar desregrado e têm muita dificuldade de impor alguma forma de autoridade sobre a criança. O terceiro perfil é o dos *pais democráticos*: afetuosos e dialógicos, respeitam e incentivam a opinião dos filhos, mas, em detrimento da flexibilidade e do respeito, propõem regras e limites claros, cujos motivos são explicados e negociados – e esses limites se mantêm de forma consistente. Dada a imensa variabilidade de perfis, a autora não contemplou todas as possibilidades, mas independentemente disso é impossível negar a influência da educação familiar sobre a criança.

Baseando-se nos perfis elencados, Rego explica que os filhos que recebem uma educação autoritária tendem a ser mais obedientes e organizados, porém podem apresentar retração social, pouca autonomia e autoestima baixa. Como são privados da compreensão justificada sobre as normas, agem a fim de evitar castigos ou ganhar recompensas, demonstrando as características dos valores morais internalizados. Filhos de pais permissivos, apesar de mais alegres e com autoestima elevada, costumam ser mais impulsivos e imaturos, pois o ambiente desregrado pode gerar insegurança. Já os filhos de pais democráticos apresentam autocontrole, boa autoestima, autonomia e facilidade nos relacionamentos, demonstrando que internalizaram determinadas posturas não por temor às sanções, mas devido aos valores morais de sua família (Rego, 1996).

Os traços que caracterizam a criança, porém, não dependem apenas das influências familiares, como já vimos. A escola tem papel relevante nesse processo educativo. Sabe-se que hoje, diferentemente do que ocorria há poucas décadas, muitas crianças com apenas 4 meses de vida já estão na escola, permanecendo naquele espaço às vezes o dia todo. Assim, é possível estender aos professores a configuração proposta aos pais: existem professores autoritários, permissivos e democráticos – e cada um desses estilos interfere na formação da personalidade da criança (Rego, 1996).

Rego (1996) afirma que até mesmo crianças provenientes de lares pouco estruturados poderão superar essas adversidades se conseguirem se inserir em contextos educativos mais adequados. A escola, desse modo, não pode, de um lado, se eximir do processo educativo pleno; nem, de outro, impor uma educação exclusivamente moralizante, pautada em um perfil autoritário, como costuma acontecer.

Percebe-se, então, que as relações autoritárias predominam nas escolas, já que o *sentido da tradição* sobrepõe-se ao da ciência no ato pedagógico, conforme Bortolotto (2007). Muitos professores reproduzem o modelo educativo ao qual foram expostos, pois a escola segue a mesma "teoria" do senso comum. Busca-se a normatização/homogeneização de atitudes, por meio de recompensas e punições, como afirma Aquino (1996).

Se um dos propósitos da escola é fazer que os alunos assimilem as posturas consideradas "ideais" pela sociedade – respeito, cooperação, solidariedade –, as ações pedagógicas devem fornecer as condições propícias para que os alunos não apenas conheçam essas expectativas mas construam de forma interativa esses valores (Rego, 1996).

RITA SIGNOR E ANA PAULA SANTANA

Para que essa interiorização ocorra de forma satisfatória, os educadores precisam adequar suas exigências às possibilidades e necessidades de seus alunos. Mais do que se submeter às regras devido ao receio da punição, estes têm de conhecer e discutir as regras existentes, suas justificativas, bem como construir novas regras e entender suas consequências caso não sejam seguidas. A pedagogia dialógica, nesse sentido, tem efeito extremamente educativo. Segundo Rego (1996), as dinâmicas muitas vezes turbulentas (agitação, dispersão, descontrole emocional, conflitos, tensão, impulsividade) representam o equívoco da escola diante das necessidades e possibilidades dos alunos.

Acrescentemos também um aspecto importante: os processos discursivos que permeiam as relações na escola. O que se fala da criança? O que se diz a ela? As crianças e seus familiares são incrivelmente afetados pelos discursos de educadores acerca delas e de suas capacidades. O que esperar como resposta (ações) de uma criança que é desqualificada pelos professores?

É necessário, assim, que o professor reflita sobre as consequências de seu olhar, de suas ações e de suas expectativas em relação ao aluno. Eis o passo mais importante para o enfrentamento do problema: a mudança no *olhar* que estigmatiza e adoenta.

A FONOAUDIOLOGIA NA EDUCAÇÃO E NO CONTEXTO DA DESPATOLOGIZAÇÃO

Nesta seção, falaremos sobre o papel do fonoaudiólogo educacional no contexto do TDAH e da despatologização, pois até aqui mostramos as implicações do diagnóstico do TDAH e a necessidade de enfrentá-las. Contudo, o trabalho na área educacional é amplo e variado, envolvendo aspectos que abrangem de ações com alunos, assessoria aos professores e à equipe educacional a ações com as famílias. De maneira simplificada, apontaremos ideias para realizar um trabalho colaborativo com os professores e a equipe pedagógica.

Uma das propostas é a criação de um grupo de trabalho com os profissionais da saúde e da educação visando à formação docente (Santana, Giroto e Martins, 2015). Ressaltamos que há muitos alunos com diagnósticos de transtornos funcionais; o fonoaudiólogo, como parte da equipe multiprofissional na área educacional, deve, portanto, participar de ações que favoreçam a inclusão e a aprendizagem não só dos "alunos diagnosticados", mas de todos os estudantes da escola – uma vez que se o foco fossem apenas os "alunos-problema" estaríamos sendo incoerentes com a proposta teórica por nós assumida.

A criação de um grupo de trabalho com profissionais de saúde e educação deve partir de programas previamente organizados, com horário definido de estudo coletivo que contemple a agenda escolar. O fonoaudiólogo deve conhecer e compreender as questões administrativas e pedagógicas da escola, a exemplo de seu projeto político-pedagógico, pois as ações fonoaudiológicas devem estar de acordo com ele (Santana, Giroto e Martins, 2015).

É preciso ainda conhecer as ações da escola na Educação Especial na Perspectiva Inclusiva e entender de que modo os alunos com diagnóstico de transtornos funcionais são atendidos. Deve-se também realizar um levantamento acerca dos alunos com diagnóstico de TDAH, conhecer sua trajetória escolar e realizar observações nas salas de aula visando compreender como se dão as interações entre os estudantes, se há alunos excluídos do grupo, e quais são as ações pedagógicas voltadas à inclusão e aprendizagem das crianças. Desse modo, o fonoaudiólogo pode confrontar suas percepções com as dos professores. Vale destacar também a importância de ouvir mais de um educador, pois as percepções geralmente variam e podem ser utilizadas para o entendimento e a superação dos problemas.

Outra noção fundamental que deve nortear a parceria entre educadores e fonoaudiólogos é a da *educação inclusiva*, tendo em vista que tal noção, quando equivocada, age no reverso do que seria a inclusão. Segundo alguns educadores, diagnosticar é incluir, pois o diagnóstico gera mais possibilidades ao aluno, que começa a ser "tratado" em função de um provável distúrbio. É esse *olhar* que merece ser ressignificado pela mediação do fonoaudiólogo educacional. É preciso, assim, que a noção de inclusão seja construída no grupo. Ressalte-se que a educação inclusiva, conforme aponta Rodrigues (2006, p. 13), "constitui a promoção da formulação da educação em novas bases que rejeitem a exclusão e promovam uma educação diversa e de qualidade para *todos os alunos*".

Nesse sentido, é importante problematizar a noção de *diferença* na escola – que, conforme Skliar (2006), tem-se tornado sinônimo de *diferencialismo*, isto é, uma característica particular e negativa que pertenceria a determinado grupo. Antes havia os "normais" e os "deficientes"; agora, se opera outra divisão: a dos "normais" e a dos "diferentes". O professor precisa ser levado a compreender que a diferença é uma característica humana, não havendo duas pessoas iguais.

Assim, os que habitam a categoria dos "diferentes" vêm sendo entendidos como pessoas que devem ser "aceitas" pela sociedade. Adota-se, desse modo, a política de aceitação ou de tolerância à pessoa dita diferente. Esse processo vai de encontro a qualquer noção de inclusão. O termo "diferente" necessita ganhar sentido contrário ao que vem sendo adotado pela escola se o objetivo é promover de fato uma educação inclusiva. Essas formas inovadoras de diferenças devem ser pensadas em todos os níveis do sistema educacional e político, e não como propriedade exclusiva de alguns. A diferença, seguindo essa maneira de entender, deve ser vista como portadora da imensidão de diferenças inerentes a todos os seres humanos (Skliar, 2006).

Nesse sentido, há um redimensionamento do que se entende por inclusão e da própria noção de acolhimento das diferenças. Pautados por um paradigma que problematiza o "normal" e a "normalidade", não cabem os termos "inclusão do

TDAH E MEDICALIZAÇÃO

disléxico" "inclusão do TDAH" ou inclusão de quem quer que seja em detrimento de uma suposta condição que tenha sido atribuída ao aluno, na medida em que qualquer pessoa está sujeita a ser excluída. Assim, nesse modelo de educação inclusiva (que *precisamos* construir com os professores) deve haver espaço para *todos*, até porque a diversidade é uma condição humana e não pode ser restrita ao grupo com TDAH (Machado e Signor, 2014).

Partindo da noção de "inclusão", que pode ser estabelecida em conjunto por meio de discussões permeadas por autores como Skliar (2006), Rodrigues (2006) e Mantoan (2006), entre outros, várias outras noções podem ser alvo de debate no grupo de trabalho visando modificar o olhar patologizante que por vezes permeia o contexto escolar.

Entre os tópicos que podem ser discutidos estão a *patologização*, a *medicalização* e a *estigmatização*. É importante frisar, no que diz respeito (sobretudo) ao TDAH e à dislexia, que os educadores costumam ter acesso apenas à visão hegemônica, pois é esta que está na mídia e domina a *esfera da clínica* que adentra o espaço escolar. Assim, muitos alunos encaminhados aos consultórios recebem a *etiqueta* de transtornos, sendo aos pais e professores sugerida uma "lista de indicações" de como lidar com essas crianças.

Nesse contexto, entre os conceitos que podem ser desenvolvidos estão os que tratam das bases socioeducacionais que constituem os problemas de comportamento, atenção e aprendizagem. Autores que discutem a medicalização da educação e da sociedade são desconhecidos da maioria dos professores, mas podem, por meio do fonoaudiólogo, adentrar a escola. Textos de Moysés e Collares (1992), Masini (2013), Massi (2007), Geraldi (2013), Berberian (2007), Signor e Santana (2015), Meira (2012), entre outros, podem gerar processos de reflexão e de mudança.

Outros autores que já habitam a esfera da educação desde o início do século XX e trazem ensinamentos pertinentes são Vigotski e

RITA SIGNOR E ANA PAULA SANTANA

Bakhtin. Ambos, porém, encontram pouca ressonância nas escolas, uma vez que as condições de letramento de alguns professores estão aquém da complexidade dos textos escritos por eles – embora estes componham a base dos Parâmetros Curriculares Nacionais de Língua Portuguesa (1997). Vemos com frequência "dizeres soltos" de Vigotski e Bakhtin nas propostas pedagógicas, nas mensagens enviadas aos pais, nos planos de ensino, mas a prática docente evidencia muitas vezes o contrário do proposto pelos autores.

Algumas noções são relevantes para a construção de uma prática pedagógica mais adequada, como as de "mediação", "internalização", "processos psicológicos superiores", "aprendizagem e desenvolvimento", "interação social", "linguagem como atividade constitutiva", "afetividade", "sujeito responsivo", "letramentos", "diversidade", entre outras que podem ser construídas mediante leituras e discussão mediada pelo fonoaudiólogo.

Além de conhecimentos construídos no grupo, vale assinalar a importância de debater as angústias dos professores, que devem ser acolhidas pelo fonoaudiólogo e pelo psicólogo educacional. Vejamos um exemplo desse desamparo: ao ser questionada sobre o que mais a desmotivava na carreira, uma professora respondeu: "A indisciplina, o desrespeito e a agressividade de muitos alunos no ambiente escolar".

Essa é uma queixa frequente dos professores e corrobora uma enormidade de diagnósticos de TDAH e de outros diagnósticos. Portanto, acolher essa angústia e promover relações sociais mais saudáveis favorece não apenas a *despatologização* dos estudantes como a dos professores, pois estes reagem à "agressividade" do aluno, que, por sua vez reage à "inércia" do professor. Essa relação circular dificulta o estabelecimento de relações de ensino e aprendizagem satisfatórias e gera "doenças".

Assim, do grupo de trabalho podem participar profissionais da educação e da saúde, como psicólogos, nutricionistas, bibliotecárias, docentes e diretores. O ponto de partida é promover debates conjuntos: sobre os seguintes aspectos:

TDAH e medicalização

- Discutir significados e sentidos da *agitação, desatenção, indisciplina* e *agressividade* manifestadas pelos alunos, inter-relacionando essas manifestações com o próprio contexto escolar e o que ele (não) oferece. Pode haver "confrontos", pois possivelmente muitos professores reduzirão o problema à questão socioeconômica e familiar dos alunos, não questionando a prática pedagógica nem a instituição escolar. Deve-se, então, resgatar o papel da escola como coconstrutora de um processo educativo pleno. As relações familiares na inter-relação com a escola e processos "comportamentais" costumam gerar discussões relevantes para o enfrentamento do problema. Autores como Aquino (1996) e Rego (1996) examinam esses aspectos sob a perspectiva histórico-cultural e podem amparar as discussões.
- Problematizar as ações pedagógicas (punitivas) voltadas à promoção da chamada *disciplina*. O fonoaudiólogo pode contribuir mostrando que a internalização de valores morais se dá de modo mais efetivo por meio de ações socioeducacionais permeadas por processos afetivos. A leitura do texto "O comportamento moral", presente em Vigotski (2010), serve para embasar as discussões e promover novas formas de lidar com essa questão.
- Promover, em parceria com os professores, contextos voltados à aprendizagem, gerando interesse e maior comprometimento dos alunos. Propostas pedagógicas podem ser pensadas com base na concepção de linguagem que atravessa os Parâmetros Curriculares Nacionais da Língua Portuguesa. A internalização da noção de "gêneros do discurso" subsidia uma prática pedagógica mais eficiente, pois a aprendizagem, em situação de uso da língua, torna-se significativa. O fonoaudiólogo, nessa ação, é um agente que promove o letramento na escola. Os autores citados nas referências deste livro, entre outros estudiosos do letramento, auxiliam na assimilação desses conceitos. A leitura e discussão dos PCNs é relevante, pois estes

RITA SIGNOR E ANA PAULA SANTANA

constituem um instrumento que direciona a prática do professor. Para a apreensão da proposta voltada ao conceito de gêneros, é importante que leituras em gêneros variados sejam indicadas. Vale lembrar que, para que o professor desperte o desejo de ler em seus alunos, ele deve também gostar de ler. Nos encontros promovidos pelo grupo de trabalho, as produções textuais de alunos e professores podem ser matéria de discussão, bem como formas de divulgar tais produções. O fonoaudiólogo, desse modo, deve discutir ações que visem à promoção do letramento e à diminuição das diferenças socioculturais na escola.

- Proporcionar uma discussão sobre os discursos depreciativos de alguns educadores em relação ao aluno, discursos esses que são dirigidos tanto às crianças quanto a seus familiares. Temos observado crianças extremamente estigmatizadas, com baixa autoestima e dificuldade de aprender em decorrência dessa "formação discursiva" que se estabelece em muitas escolas. Assim, é preciso ressaltar que os sujeitos (alunos) se constituem em suas interações, sendo suas ações, portanto, guiadas por mecanismos de internalização. Se a criança é descrita como "agitada", terá de agir assim para corresponder ao que se espera dela. Esse aspecto engloba também os "pareceres pedagógicos" que são entregues às famílias. Outra questão que deve ser alvo de confronto é a que envolve o conteúdo desses pareceres e os efeitos gerados por eles, principalmente quando tais julgamentos são pautados naquilo que a criança ainda *não sabe*, ainda *não aprendeu*, ainda *não consegue* e no que faz de *errado*. As famílias devem ser convocadas a atentar para as qualidades e os valores de seus filhos, bem como para participar de eventos de letramento promovidos na escola.

- Discutir o papel das emoções no aprendizado. É comum depararmos com crianças cujas emoções estão afloradas em decorrência de sofrimentos gerados, às vezes, no contexto

TDAH e medicalização

familiar: maus-tratos, abuso, drogas, violência familiar, entre outras situações graves. Logicamente não se descarta a importância do acolhimento psicológico para que essas crianças possam lidar com seu sofrimento. No entanto, as atitudes delas muitas vezes são tomadas como sinal de transtornos, o que não deixa de causar espanto. É importante discutir no grupo de professores formas de acolhimento pedagógico para que os problemas pessoais do aluno sejam amenizados e não exacerbados no contexto escolar. Camargo, Vigotski e Wallon são autores que ajudam a embasar os apontamentos que se fizerem necessários.

- Promover a análise conjunta das ações realizadas e a autoavaliação, por parte de todos os envolvidos, da participação no grupo de trabalho. É fundamental elaborar um protocolo de avaliação do grupo para que todos tenham a oportunidade de opinar sobre seu funcionamento, sua aplicabilidade e sua sistematização (Santana, Giroto e Martins, 2015).

É importante também discutir as ações ditas inclusivas. Por exemplo: o professor-auxiliar exclusivo tem sido uma das estratégias utilizadas para promover a atenção e a aprendizagem. Considerando a realidade do sistema educacional brasileiro, há casos em que esse "professor-auxiliar" senta-se ao lado do aluno com diagnóstico de TDAH para lhe "ajudar", convocando-o a "prestar atenção". Pensamos que esse recurso não é indicado, pois pode trazer imensos prejuízos à autoestima da criança e à relação dela com os colegas, prejudicando a aprendizagem. Entendemos que tal atitude representa a negação da subjetividade da criança. Não é um cérebro extracorporal que resolverá o problema atentivo do aluno. O máximo que pode ocorrer é a criança ficar mais "atenta" por alguns segundos, assim como quando recebemos um "cutucão" para prestarmos atenção a um filme no qual não estamos interessados. Então, é importante discutir com a equipe pedagógica – entendendo a aprendizagem e a subjetividade como processos indissociáveis e interdependentes – que a exclusividade desse atendimento pode gerar mais malefícios do que benefícios.

Outro aspecto relevante, sobretudo quando se trata de TDAH, é a socialização de alunos que são excluídos das relações com os colegas. Ressaltamos que a exclusão não é relegada apenas àqueles cujo perfil não atende à escola. Certas crianças, por exemplo, são excluídas por questões de cunho religioso, entre outras razões. Essa discussão deve estar permeada por formas de entendimento do problema, pois a *exclusão* gera *sofrimento*, que gera *sintoma*, que gera *diagnóstico(s)*. Às vezes, o cerne do problema está nas medidas pedagógicas (punitivas), mas em outras não se trata de uma questão pedagógica. Compreender o que ocorre com a criança excluída e promover interações mais intensas entre ela e o grupo é uma forma de sanar o problema.

Um ato que pode gerar inclusão é a formação, pelo professor (e não pelos alunos[27]), de pequenos grupos (duplas, trios) para a realização de trabalhos em conjunto e, nessas interações, observar como *aquela* criança se sai. Assim, é possível mediar o processo interativo e elaborar estratégias inclusivas. Determinadas crianças tendem a fazer prevalecer a sua vontade, o que pode provocar a rejeição dos colegas. Alguns alunos excluídos tentam impor uma forma de interação, gerando o efeito inverso, pois as relações amigáveis devem se constituir de modo natural. Entre os excluídos, geralmente estão aqueles que receberam diagnósticos (TDAH, dislexia etc.)[28] e os que têm uma condição socioeconômica muito distinta da do grupo (como um bolsista em uma escola frequentada por pessoas muito favorecidas). Existem, enfim, inúmeras razões que podem gerar a rejeição do grupo – havendo, igualmente diversas maneiras de sanar o problema.

Outras ações que podem ser discutidas com os educadores são formas de promover a participação mais intensa dessas crianças nas atividades propostas pela escola. Os excluídos

TDAH E MEDICALIZAÇÃO

devem estar entre os escolhidos para participar de atividades diversas dentro e fora da sala de aula. Assim, por que não colocar *aquela* menina que não se enturma como *noiva* na festa junina? Por que não eleger *aquele* menino *líder* de um projeto desenvolvido na escola? Esse *líder* pode, inclusive, ser convocado a representar o grupo de alunos em reuniões com professores para o desenvolvimento do projeto. É bem provável que, por meio da valorização das qualidades dessas crianças, os colegas também comecem a perceber tais qualidades. Faz-se necessário, então, observar, compreender, mediar – criar maneiras para incluir de fato.

Cabe ao fonoaudiólogo e ao psicólogo educacional promover uma *parceria* com a escola, de modo que o professor se sinta amparado e não "orientado", até porque os mecanismos de enfrentamento dos problemas de *socialização, comportamento* e *aprendizagem* serão obtidos pelas falas dos professores. Nessa visão, o fonoaudiólogo é apenas um mediador das discussões geradas em equipe, um profissional que visa fortalecer o professor, transformando-o no verdadeiro agente da mudança.

Vale assinalar que o objetivo do fonoaudiólogo na escola não é só promover o letramento e criar temáticas escolares relacionadas à fonoaudiologia, mas também contribuir para a qualidade dos processos interacionais – a qualidade da mediação –, fortalecendo o professor para que este assuma sua prática sem ter de delegá-la a outros (médicos, psicólogos e fonoaudiólogos). O que está em discussão aqui são concepções de linguagem, de sujeito, de escola, de família, de ensino, de aprendizagem. É preciso, enfim, promover uma reflexão crítica sobre os problemas que assolam a educação no Brasil.

Diante do exposto, cabe retomar o ponto de partida desta discussão: o "diagnóstico" ou "pré-diagnóstico" de doenças no contexto escolar e o papel dos "cursos de formação" que, quase sempre, capacitam o educador a identificar *mais* transtornos mentais e distúrbios de aprendizagem.

Como fonoaudiólogos educacionais, resta-nos o desafio de promover reflexões em torno da temática, para que tanto os profissionais da saúde quanto os da educação saiam de uma posição "confortável", simplista e redutora. É libertando-se das teias paradigmáticas pautadas pela patologia e pela norma que talvez seja possível reverter esse fenômeno calamitoso que é a transformação de crianças saudáveis em crianças doentes.

6 Como o TDAH se constrói: relato de casos

SUSI E MIGUEL SÃO crianças com diagnóstico de TDAH[29]. Apresentaremos a seguir como tal diagnóstico foi construído e suas implicações para a história de vida dessas crianças.

A HISTÓRIA DE SUSI

Susi, de 10 anos, é estudante do 5º ano do ensino fundamental da rede pública de ensino, frequenta a escola no período matutino e, no período vespertino, assiste à TV, ouve música, faz a tarefa de casa e brinca.

A menina mora com a mãe em um apartamento de classe média no mesmo bairro em que se situa sua escola. Os pais de Susi são divorciados. O pai, de 51 anos de idade, completou o ensino médio e reside em cidade diferente da de Susi. A mãe, de 52 anos, é pedagoga aposentada, mas continua lecionando no período da manhã.

Quanto à trajetória na escola, Susi frequentou, em período integral, uma escola de educação infantil pública. No 1º e no 2º anos do ensino fundamental estudou, também em período integral, em uma escola privada. Do 3º ao 5º ano, frequentou uma escola da rede pública de ensino (momento da coleta dos dados aqui apresentados).

Susi realizou avaliação psicológica aos 5 anos, pois havia reclamações recorrentes da escola sobre o seu comportamento. Segundo a mãe, tais queixas referiam-se ao fato de que: "Susi não queria fazer as atividades, não obedecia, brigava com os amigos..." Aos

6 anos, a criança foi encaminhada para avaliação psiquiátrica, recebeu o diagnóstico de TDAH, indicação de tratamento medicamentoso, psicopedagógico e orientação de continuidade do atendimento psicológico, que realizava desde os 5 anos.

Quanto ao processo de ensino-aprendizagem da leitura e da escrita, segundo a mãe de Susi, a filha teve dificuldades na alfabetização e conseguiu aprender a ler e escrever apenas no 3º ano: por uma questão de "sorte", naquele ano Susi teve uma "professora maravilhosa".

A CONSTITUIÇÃO DA PATOLOGIZAÇÃO

A seguir, apresentamos o excerto de um parecer pedagógico realizado pela escola no primeiro semestre de 2004, quando Susi tinha 2 anos de idade (grifos nossos):

É extremamente inteligente, compreende tudo que acontece ao seu redor, assimilando as propostas e regras das brincadeiras e as *regras* do grupo, o que não significa que ela as cumpra. Susi mostra-se bastante *resistente* quando é contrariada, falamos ou pedimos algo a ela. Várias vezes nada acontece. [...] É considerada a *tagarela* da turma, pois fala pelos cotovelos; repete tudo o que falamos [...], parecendo um adulto chamando a atenção dos outros, *dando ordens* e cobrando atitudes dos colegas. Susi nos mostra quanto é esperta, o tempo todo tentando jogar conosco; quando precisamos chamar sua atenção, mostra-se bastante *resistente* e reage de forma que *"não tô nem aí"*. Conversamos e explicamos várias vezes e nada; quando precisamos afastá-la um pouco do grupo para pensar o que fez, ela diz que não fará mais. Isso mostra que ela está *bem consciente de seus atos* e realmente sabe o que está fazendo. Espero que nós adultos, casa/escola, que convivemos com a Susi possamos fazer um trabalho coerente para que ela não entre em conflito e choque de posturas.

Nos demais aspectos do desenvolvimento, como motor, cognitivo e linguagem, ela apresenta um crescimento dentro do esperado para sua idade. No segundo semestre, trabalharemos esquema corporal a fim de a prepararmos para o desfralde, que será sua próxima e importante conquista.

TDAH E MEDICALIZAÇÃO

Esse parecer permite-nos mapear as representações construí-das no decorrer da trajetória de Susi na escola. Aos 2 anos e 4 meses de idade, a menina, ainda fazendo uso de fraldas, já estava sendo desqualificada: "tagarela", "resistente", "dá ordens". Até o emprego dos adjetivos – "esperta" e "inteligente" – serve para imprimir a ideia de que ela já estava "bem consciente de seus atos" e, portanto, poderia ser responsabilizada por eles. Para isso, era *convidada* a "pensar". Note-se que desde a mais tenra idade, Susi foi se conscientizando de que era "autoritária", entre outros "atributos".

Para iniciar esse trabalho de análise, recorremos a Bakhtin (2003). O autor diz que a consciência de si acaba levando à consciência de grupo de que ela é reflexo[30]. E qual é a consciência do grupo do qual Susi fez parte? Avançando no parecer avaliativo, observa-se como a escola convoca a família: "Espero que nós adultos, *casa*/escola, que convivemos com a Susi, possamos fazer um trabalho coerente para que ela não entre em conflito e choque de posturas". Entendemos que ao afastá-la do grupo, ao puni-la e ao chamar a família *constantemente* a se atentar às característi-cas individuais da aluna, a educadora agiu desestabilizando a menina e seus familiares, deixando-os em situação de inseguran-ça e gerando os tais conflitos que desejava inibir. Ao final do pa-recer, quando se diz que "nos demais aspectos está tudo dentro do esperado", confirma-se, enfim: há algo de errado. Inicia-se o fenômeno da *patologização*.

A seguir, um recorte de parecer avaliativo da escola emitido quando Susi tinha 4 anos e 3 meses de idade[31]:

> A adaptação da Susi no grupo foi tranquila, tendo em vista que já conhecia várias crianças da turma. Brinca com várias crianças e às vezes exerce sua liderança com autoritarismo, brigando e dando ordens até mesmo para as educadoras. Em várias ocasiões faz queixa dos amigos para seus pais. Temos procurado contornar essas situações conversando e explicando-lhe como deve proceder.

Nesse excerto, sobressai um dado importante: Susi "exerce sua liderança com autoritarismo". No jogo de poder estabelecido, em que se determinam desde cedo os bons e os maus, a professora explica a Susi como deve agir: "Temos procurado contornar essas situações conversando e explicando-lhe como deve proceder". Algumas escolas buscam a normalização; impõem a homogeneidade e quem ousa pensar diferente não pode fazer parte do grupo, porque todos os seus membros devem obedecer e proceder da mesma maneira. Para Foucault (2009, p. 175), a penalidade hierarquizante serve para o exercício de uma pressão constante, "para que se submetam todos ao mesmo modelo, para que sejam obrigados todos juntos à subordinação, à docilidade, à atenção nos estudos e nos exercícios, e à exata prática nos deveres e de todas as partes da disciplina. Para que todos se pareçam". Nesse espaço de massificação, de sublimação das singularidades, de imposição de uma única voz, de exclusão, como se constitui a criança que não se apresenta da forma esperada, caso de Susi? Atualmente, a menina permanece sozinha nos intervalos das aulas e, quando questionada sobre a razão de não brincar com as outras meninas, diz que é porque ninguém gosta dela, ninguém quer brincar com ela. Desde os 2 anos Susi foi excluída do convívio com os demais colegas; permanecia à margem a pensar sobre seus "atos errados", e hoje sofre as influências recebidas desde sempre na escola. Ela não se sente parte do grupo. Ela não faz parte do grupo.

Nesse entremeio daquilo que pode e daquilo que não pode ser dito/feito, constituem-se os sujeitos. Formam-se crianças em meio a um padrão que deve ser seguido, sob pena de enquadramento no rol dos desviantes. Assim, estabelece-se uma gradação de normalidade: quanto maior a aderência ao corpo social homogêneo, mais o sujeito é enquadrado em uma condição de normalidade. Segundo Foucault, esse sistema disciplinar (ao qual algumas escolas aderem) ao mesmo tempo que homogeneíza também diferencia, pois permite o *julgamento dos desvios*; e a distância desses deslocamentos da norma introduz a gradação das diferenças individuais.

TDAH e medicalização

Podemos recorrer ainda a Bakhtin para melhor compreender como a constituição da consciência é um fato socioideológico. O autor (2003, p. 374) diz que "a consciência do homem desperta envolvida pela consciência do outro". Assim, tudo que diz respeito ao sujeito chega à sua consciência por meio da consciência do outro, da palavra do outro. Nossa autoimagem opera então com a imagem que o outro faz nós.

Desse modo, se o outro impõe à criança a condição de "autoritária", "agitada", "desatenta", "descentrada", entre outras, ela poderá assimilar a palavra alheia e formar sua consciência atravessada por essa palavra – a do outro. Cabe ressaltar, como já dito, que as condições impostas à criança também o são à sua família. E, diante do discurso que aponta, que homogeneíza, está o do pai de Susi – que, convocado, responde:

> O seu comentário a respeito do desenvolvimento da Susi coincide em parte com as nossas observações diárias. Consideramos, também, que *tal comportamento é comum em outras crianças da mesma faixa etária.*
>
> Nosso desafio, enquanto pais, tem sido de propor atividades, atitudes e limites que trabalhem estas *resistências comportamentais*. Contamos com sua atenção e colaboração para um aprendizado significativo, para a formação e o desenvolvimento das potencialidades de nossa filha.
>
> [Comunicado do pai à escola, grifos nossos]

Observamos que o pai sinaliza seu descontentamento com a visão da educadora. Os pais demonstram saber – conhecimento que advém do convívio com a filha e com outras crianças da mesma idade dela – que crianças brigam, brincam, umas são mais ativas, outras, menos, algumas tentam impor sua vontade, outras cedem mais facilmente aos desejos alheios. As crianças pequenas demonstram uma série de comportamentos diferenciados, não reagindo da mesma forma quando inseridas nas mesmas condições objetivas. A singularidade infantil é de conhecimento comum, mas ganha *status* de problema no contexto de algumas escolas, quando estas encontram dificuldade de impor um comportamento do tipo "ideal".

Vejamos agora um parecer pedagógico feito quando Susi tinha 4 anos e 7 meses de idade:

> Neste trimestre Susi demonstrou um comportamento mais tranquilo quanto a ouvir as educadoras, mas ainda argumenta bastante e justifica suas atitudes. Com os colegas ainda demonstra seu autoritarismo, mas nos alegramos ao vê-la brincando com várias crianças da turma. Desta forma, aos poucos aprenderá a dividir espaços e opiniões.

Para Vigotski (2010), o comportamento moral é socialmente educável como qualquer outro, uma vez que a moral é "dada" nesse contexto e se modifica no decorrer do tempo. Assim, não se deve encarar a educação infantil como se encaram as leis policiais: por medo destas, evitam-se certas atitudes. "Evitar alguma coisa por temor ainda não significa cometer um ato ético" (Vigotski, 2010, p. 306). O autor afirma que educar implica sempre partir do bem, nunca do mal. E cita um texto de Espinoza: "Procure fazer dos seus alunos pessoas livres, ensine-os a agir sempre quando for possível vendo as coisas do ponto de vista do bem. Acostume-os a dizer sempre a verdade [...]".

Deixar de fazer algo por medo, diz Vigotski, é tão amoral como fazê-lo. No entanto, nos dias de hoje, as medidas punitivas são exaustivas: bilhetes na agenda por motivos muitas vezes insignificantes, advertências, suspensão das aulas, "tortura" aos pais das crianças, sermões infinitos, gritos, notas baixas etc. Da palmatória ao cantinho do pensamento, as formas de castigo têm, desde sempre, mostrado sua ineficácia: quando muito, geram sujeição às regras impostas e obediência forçada, mas não implicam medidas educativas de fato.

Vigotski (2010) explica que, se na criança foram criadas formas antissociais de comportamento, a regra para reverter o problema é justamente o contrário da aplicada aos infratores das leis na sociedade, em que a medida é a exclusão do meio social. Na escola, a regra deve ser o contato social mais estreito, pois é na convivência mediada que as crianças desenvolvem capacidades ligadas à criação e à manutenção de laços afetivos. Porém, Susi continuava no cantinho do pensamento, internalizando delitos que não cometera, vivenciando a exclusão de seu grupo social, o silenciamento e a imposição de formas comuns de comportamento. Um equívoco pedagógico, segundo Vigotski. O autor entende que esse tipo de educação, baseada na autoridade e no poder, tende a criar sujeitos propensos à subordinação: "Obedece aos mais velhos e te darás bem, do contrário te darás mal" (Vigotski, 2010, p. 313), eis a fórmula deste tipo de pedagogia – a pedagogia do medo.

> A criança logo aprende a entender que o castigo não está necessariamente ligado ao seu ato, mas a ele se incorpora um momento suplementar e intermediário sob a forma de interferência dos adultos, e ela aprende a evitar essa interferência dos adultos, a esconder o seu ato, a mentir etc.
>
> Além do mais, o castigo coloca tanto o educador quanto o educando na situação mais difícil e angustiante. Entre o pedagogo que pune e a criança punida não pode haver nem amor, nem respeito, nem confiança. (Vigotski, 2010, p. 317)

A partir dos 5 anos de idade, as queixas dos educadores sobre Susi foram ampliadas para o campo da aprendizagem:

> Em seus desenhos representa elementos soltos pelo espaço do papel, faz bonecos e sol, com poucos detalhes. Não compõe muitas cenas. [...] Conversa bastante e *desconcentra-se rapidamente* durante atividades individuas de escrita e desenho. Susi aprecia atividades de dança, música e representação corporal.
>
> [Parecer avaliativo da escola, 2007, grifos nossos]

É importante lembrar que nos três anos anteriores Susi estava inserida em discursos que descreviam seu comportamento como inadequado e, conforme relato da mãe, era constantemente afastada das interações com seu grupo. Essas atitudes tendem a afetar sobremaneira a autoestima da criança, que muitas vezes se desinteressa de participar efetivamente das atividades escolares.

Além disso, ao analisar alguns trabalhos de Susi, observamos que estavam relacionados a exercícios de "escrever à sua maneira", ou seja, escrever palavras ao lado de figuras dadas e frases ditadas pela educadora. Vejamos dois exemplos de atividades realizadas por Susi aos 5 anos e 5 meses de idade:

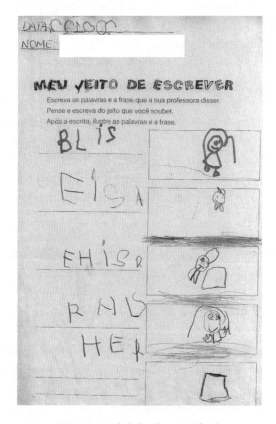

Figura 1. Atividade da educação infantil.

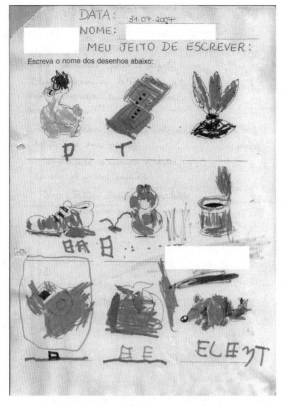

Figura 2. Atividade da educação infantil.

É importante ressaltar que quando as crianças estão imersas em práticas descontextualizadas, tendem a mostrar-se "desmotivadas", "desinteressadas", "desatentas", já que tais atividades não lhes fazem sentido. Levamos em conta os pressupostos vigotskianos, que sugerem que "toda aprendizagem só é possível na medida em que se baseia no próprio interesse da criança. Outra aprendizagem não existe" (Vigotski, 2010, p. 163). Dessa forma, entendemos que Susi foi submetida a interações sociais desfavoráveis e práticas pedagógicas ineficazes, o que gerou oposição e afastamento das tarefas escolarizadas. Contudo, essa resistência da criança foi interpretada pela educadora como sinal de que algo não ia bem e analisada de forma individual – a despeito de qualquer análise sobre o contexto educacional. Os familiares, por sua vez, foram "convencidos" de que havia problemas.

A seguir, mais um excerto de outro parecer pedagógico (grifos nossos):

> *Reconhece poucas letras do alfabeto*, apesar das frequentes atividades e brincadeiras relacionadas ao letramento. Em atividades de escrita espontânea faz uso apenas do repertório de letras de seu nome, fazendo poucas relações com o som das letras nas palavras. [...]

De acordo com o excerto, "reconhecer poucas letras do alfabeto" e "utilizar apenas o repertório de letras de seu nome" aos 5 anos de idade representa um *déficit*. Porém, no caso de Susi, não há um problema detectável. Aos 5 anos de idade, usar as letras do nome faz parte do processo de apropriação da escrita, não podendo ser tomado como indicativo de uma alteração na área da aprendizagem.

DA PATOLOGIZAÇÃO À MEDICALIZAÇÃO

No encontro de consciências, a família entra em conflito. Alguns pedagogos têm dificuldade de lidar com as diferenças entre as crianças, sobretudo com aquelas que se mostram "resistentes", ou seja, externam sua singularidade. Se o "inesperado" persiste, à família é delegada a responsabilidade de resolvê-lo. E, nesse círculo de incertezas, sinaliza-se a busca de um profissional especializado; o "problema" deixa de ser da ordem da educação e passa a ser da área da saúde:

> A Susi percebeu o objetivo do projeto Histórias Infantis, cita em suas falas personagens e trechos destas histórias. A iniciação ao letramento está sendo absorvida com interesse. Susi demonstra isso identificando a letra inicial de seu nome em todos os lugares onde ela a encontra. *Já estamos conscientes de seu comportamento autoritário*, conduzindo-nos em busca de auxílio especializado nesta área.
>
> [Comunicado do pai escrito à escola, grifos nossos]

No excerto a seguir, a pesquisadora pergunta à mãe se Susi tem o diagnóstico de TDAH (grifos nossos):

Pesquisadora: A Susi tem o diagnóstico?
Mãe: Tem. A Susi passou por... *Primeiro eu tive resistência em relação a essa possibilidade* [...] daí eles [psicólogos] me indicaram um médico, que é psiquiatra infantil, daí esse psiquiatra pediu pra ela fazer testes com psiconeuro...
Pesquisadora: Neuropsicólogo?
Mãe: É. Neuropsicólogo. Ela fez os testes e ele constatou que era isso aí, que o diagnóstico era esse mesmo: TDAH. Daí ela passou a fazer tratamento, acompanhamento com psiquiatra.

Segundo Moysés (2001), o diagnóstico não é suficiente para resolver o problema, mas ao menos serve para tranquilizar os conflitos que uma "criança-que-não-aprende-na-escola" gera. No caso de Susi, além disso, uma "criança-que-não-se-comporta--bem-na-escola". Com apenas 6 anos de vida! Duplamente rotulada porque se permitiu resistir, ao menos em parte, às investidas recebidas no espaço escolar; diagnosticada porque argumentava, imitava professoras e colegas, tentava manifestar seus desejos em detrimento dos desejos das educadoras e justificava suas atitudes – atitudes essas não aceitas pela escola. Posta no cantinho, de lado, para tomar consciência de seus atos desde muito cedo, agora finalmente recebe a sentença definitiva.

Recebido o diagnóstico, baixam-se os ânimos, por ora. Nos termos de Moysés (2001, p. 46):

Rotulada, a criança resiste, luta contra o preconceito, até que o incorpora. Resiste e incorpora em sua vida inteira, não em fragmentos de vida. Não é apenas na escola que se torna a criança que não sabe; a incapacidade adere a ela, infiltra-se em todas as facetas, todos os espaços da vida. Deixa de ser incapaz na escola para se tornar apenas incapaz.
Expropriada de sua normalidade, sofre.

Sofre ao resistir, sofre ao desistir.

Sofre tão intensamente, pelo sutil processo de expropriação violenta, que nos atinge a todos nós que nos dispomos a olhá-las, a dar-lhes voz, a respeitar sua individualidade.

Após a educação infantil, Susi estudou em uma escola particular, em período integral, durante o 1º e o 2º anos do ensino fundamental. Sobre seu processo de alfabetização, a mãe afirma que "ela se alfabetizou com quase 8 anos, mas é que a gente não deu sorte na escola em que ela frequentou o 1º ano. Era uma escola extremamente conteudista e não atendia essas particularidades". A respeito da proposta pedagógica dessa escola, a mãe comenta (grifos nossos):

> Mãe: Eu conversava bastante com a professora no final do período. Falava que eu achava que era muito conteúdo.
>
> Pesquisadora: Tinha algum método de alfabetização?
>
> Mãe: Era o silábico. A escola se dizia Freinet, mas de Freinet não tinha nada – eu não via, pelo menos. Era ba-be-bi-bo-bu... [...] Ia trabalhando consoante por consoante, bem tradicional. *No 2º ano, a Susi ainda não escrevia o nome dela. Não conseguia escrever, tinha dificuldade.*

A mãe relata ainda o descontentamento com a formação dos profissionais da escola (grifos nossos):

> O psiquiatra foi à escola, a psicóloga foi à escola, mas eles não tinham um trabalho... Aliás, *nenhuma escola está preparada pra esse tipo de criança*, que está *cada vez mais presente nas escolas*. Não fazem nenhum trabalho diferenciado. Como ela não conseguiu se alfabetizar do 2º para o 3º ano, *a escola queria reprovar*. Daí eu contestei, fui até a secretaria de educação, e eles acabaram aprovando a Susi.

Susi foi transferida de escola, mas as queixas permaneceram: "Ali continuou a questão do relacionamento: que não gostavam dela, que ela brigava muito... Isso tudo com a Susi já em atendimento".

Paralelamente às questões de interação, as práticas pedagógicas desenvolvidas na escola partiam de atividades descontextualizadas e voltadas para uma alfabetização fragmentada a partir de famílias silábicas. Foi possível verificar essas questões por meio do discurso da mãe, bem como de análise dos cadernos e de uma pasta repleta de atividades.

Vejamos um trabalho desenvolvido em 2008, com vistas à apropriação da leitura e da escrita, quando a aluna frequentava o 1º ano do ensino fundamental.

Figura 3. Atividade do 1º ano.

Notam-se aqui alguns dos motivos pelos quais provavelmente Susi se mostrava desinteressada em sala de aula. Os exercícios do caderno, por sua vez, evidenciam que a aprendizagem estava baseada em treino e repetição. Questionamos se nesse contexto sem significação a criança pode apropriar-se da leitura e da escrita. Por exemplo, a escrita do nome foi difícil para Susi, mesmo tendo sido submetida a cópias dessa escrita na escola. Vê-se, assim, que a repetição por si só não garante o aprendizado efetivo. Entendemos que no caso da escrita do nome, é oportuno que seja requerida em situações em que a criança precise marcar sua autoria: um desenho, uma pintura, uma produção escrita.

Porém, no material de Susi predominam atividades metalinguísticas na sala de aula (exercícios para cobrir letras pontilhadas, repetição e memorização de segmentos consonantais, vocálicos e famílias silábicas), evidenciando o afastamento da escola das propostas estabelecidas pelos Parâmetros Curriculares Nacionais de Língua Portuguesa (Brasil, 1997).

Além disso, ao dicotomizar os processos de alfabetização e letramento, tomando como ponto central apenas a codificação e decodificação, os alunos viram copistas e repetidores. Nesse caso, estão longe de se tornar autores e leitores dos diversos gêneros discursivos presentes em nossa sociedade.

A seguir, outra atividade desenvolvida em 2009, época em que Susi frequentava o 2º ano do fundamental e tinha 7 anos:

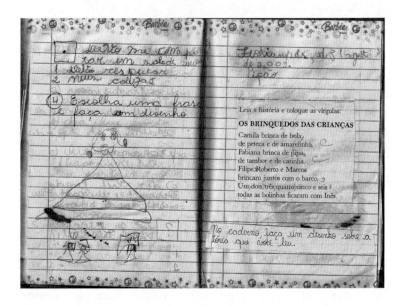

Figura 4. Atividade do 2º ano.

TDAH e medicalização

Observam-se, no canto superior esquerdo da imagem, os enunciados: "Devo me comportar em sala de aula; Devo respeitar meus colegas". Ressalte-se que Susi ainda não era alfabetizada; logo, ela deve ter sido "convidada" a copiar frases que veiculavam uma posição de desaprovação.

A Figura 4 mostra as seguintes atividades: "Leia a história e coloque as vírgulas"; "No caderno faça um desenho sobre a história que você leu". Nota-se que a apresentação do *pseudotexto* "Os brinquedos das crianças", além de não contribuir para o entendimento da pontuação requerida (a vírgula), pode limitar as potencialidades de reflexão e análise linguística por parte das crianças, bem como conduzir à noção de que ler e escrever são atividades mecânicas e desprovidas de sentido. Consideramos que a concepção de aprendizagem subjacente ao fazer pedagógico mostrada reflete uma prática pautada no método tradicional. Assim, o jogo intersubjetivo se perde e modifica o olhar do aluno sobre a modalidade escrita da língua. Enredados em um círculo de interações desfavoráveis, à mercê de um discurso autoritário e de atividades que geram desmotivação e desinteresse, muitos alunos aprendem que ler é decodificar e escrever é codificar[32].

Os excertos a seguir são significativos (grifos nossos):

Apresentou neste [primeiro] bimestre *muita desatenção*. Porém aos poucos vem concluindo seus trabalhos. Você é capaz fofa! [*sic*]

Neste [segundo] bimestre, Susi demonstrou *muitas dificuldades na compreensão dos conteúdos* apresentados, necessitando de uma maior atenção e concentração para concluir seus trabalhos. Estou sempre com você.

Vimos nas atividades escolares de Susi que a "muita desatenção" e as "muitas dificuldades na compreensão dos conteúdos" são efeitos de um processo de ensino-aprendizagem. Além do mais, a essa época Susi já devia ter internalizado parte dos discursos que transitavam ao seu redor. Tal fato pode ser observado ao analisarmos dialogicamente o enunciado: "Você é capaz fofa!" Vê-se, desse modo, que a dificuldade de aprendizagem não se reduz à metodologia de ensino, mas abarca as relações intersubjetivas no espaço da escola.

Ao término do 2º ano, em 2009, o parecer da escola explicita o desejo de que a aluna fosse reprovada (a aprovação se deu em virtude de questões alheias à professora). Inclusive, prevê-se que a aluna "terá grandes desafios a superar" (grifos nossos):

> Susi apresentou um desempenho regular. Permanece a necessidade da continuidade com a psicopedagoga e orientação constante dos pais quanto aos estudos. *Respeitando o processo de inclusão*, frequentará o 3º ano e *terá grandes desafios a superar*. Feliz Natal!

Com base no que vimos até aqui, podemos afirmar que a trajetória escolar de Susi foi marcada por previsões negativas acerca de seu futuro escolarizado. Como já foi dito, "a escola queria reprovar", e só não o fez porque a mãe recorreu à secretaria de educação para buscar os direitos da filha. Vale dizer que, para Susi, as previsões da escola sobre os desafios a ser enfrentados não foram concretizadas, o que pode ser evidenciado na discussão a seguir.

A AFETIVIDADE NA RELAÇÃO PROFESSOR-ALUNO E O DESENVOLVIMENTO DA CRIANÇA NA ESCOLA

Ao final do 2º ano, Susi foi transferida para uma escola pública, no período matutino. Vejamos os relatos da mãe e de Susi sobre sua aprendizagem:

> Mãe: Quando ela veio para o [colégio atual] ela teve sorte, pegou uma professora maravilhosa.
> Pesquisadora: Foi com quantos anos isso?

Mãe: Com 8 anos, no 3º ano. [...] Aí ela deslanchou. A Jaque tinha uma prática mais ou menos diferenciada, e foi aí que ela deslanchou com a leitura e a escrita [...] até então ela tinha bastante dificuldade...
[Entrevista com a mãe]

Susi: A única professora que eu fui com a cara dela, que eu gosto dela realmente, é a Jaque. A Jaque é doce, ela ensina as pessoas bem... [...]. Às vezes eu falo: "Jaque, não tem uma vaga pra mim de novo?"
[Entrevista com a criança]

Observamos no material de Susi bilhetes escritos para a professora: "Professora, você é demais. É tudo de bom que existe nesse mundo. Com amor, Susi". Acompanhamos também as respostas da professora: "Muito obrigada, você é uma aluna muito querida, te adoro, beijinhos..."

Segundo a mãe, Susi sempre escrevia mensagens de afeto para essa professora; o ano foi tranquilo, pois não havia queixas nem reclamações sobre a filha; ao contrário, havia elogios: "Qualquer coisa ela elogiava, valorizava muito a produção deles".

Se, conforme Vigotski (2004), a cognição se constitui na interação, é por meio do olhar do outro (o professor) que a criança se torna "atenta" ou "desatenta"; "ativa" ou "hiperativa"; "boa" ou "má" aprendiz. Assim, o *sintoma* pode (ou não) ser produzido a depender do contexto interacional. Nesse caso, vemos a relevância da afetividade para o desenvolvimento da criança na escola. Ao se comprometer com o aluno e com a sua aprendizagem, o professor recebe de volta o comprometimento do aluno. Esse processo se coaduna com a concepção de sujeito responsivo (Bakhtin, 2006). O sujeito responde de forma favorável às interações que propiciam o desenvolvimento e a aprendizagem e de forma "opositiva" às interações desfavoráveis.

O caderno do 3º ano de Susi evidencia uma modificação significativa em suas produções escritas:

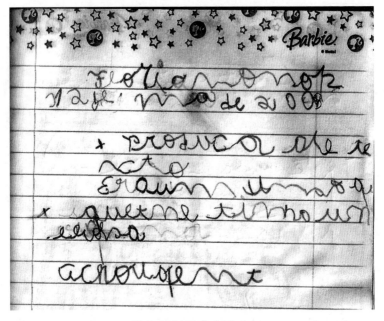

Figura 5. Atividade do 2º ano.

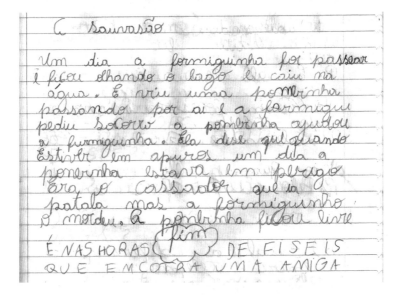

Figura 6. Atividade do 3º ano.

Ao contrapormos ambas as atividades e considerarmos a informação de que no 3º ano Susi "deslanchou", concluímos que o desenvolvimento da aprendizagem aconteceu por questões afetivo-volitivas, não sendo decorrentes, portanto, de um diagnóstico e de um medicamento. No entanto, a família, os professores e até mesmo a criança aderem ao discurso que aponta a "melhora" decorrente do uso de medicação. Tal aderência fortalece o fenômeno da medicalização de escolares.

A MEDICALIZAÇÃO E O DISCURSO DA "MELHORA"

Embora a mãe de Susi tivesse consciência de que a "prática diferenciada" da professora do 3º ano possibilitou a apropriação da leitura e escrita por parte de sua filha, há no discurso elementos que apontam a melhora em função de um medicamento: "Eu a princípio também[33] era contra [a medicação], mas depois, quando ela começou a usar e vi que ela começou a se concentrar mais e a se apropriar dos conteúdos da escola, eu percebi uma diferença". No entanto, é possível observar na própria fala da mãe a "contradição" (grifos nossos):

> Pesquisadora: Com 6 anos ela já tomava [metilfenidato] e mesmo assim teve dificuldades pra se alfabetizar?
>
> Mãe: Mas eu acho que *a dificuldade maior foi por conta da escola...*
>
> Pesquisadora: Por conta da escola... Mas você fala que ajudou na concentração... Eu quero entender como, na sua opinião, esse medicamento surte algum efeito positivo.
>
> Mãe: Porque aí ela não fica muito dispersa.
>
> Pesquisadora: E você acha que ela é dispersa?
>
> Mãe: Ela é dispersa.
>
> [...]
>
> Mãe: *Eu também sou um pouco assim, também acho que tenho um pouco de déficit de atenção.*
>
> Pesquisadora: Você acha que tem?
>
> Mãe: Acho. A gente pede pra ela fazer uma coisa... "Daqui a pouco" [...] E ela perde muito as coisas, perde muito os objetos.

Sendo pedagoga, a mãe de Susi reconhece que o problema da alfabetização tardia foi pedagógico ("a dificuldade maior foi por conta da escola"), mas seu discurso também é atravessado pela condição imposta à criança ("dispersa", "perde as coisas") como forma de justificar o "déficit" de atenção.

Durante a entrevista, a pesquisadora tenta descobrir o grau de consciência de Susi em relação ao uso do comprimido e questiona a mãe (grifos nossos):

Pesquisadora: O que você acha que ela sente quando toma a [metilfenidato]? Ela sabe por que toma esse remédio?

Mãe: Sabe.

Pesquisadora: E ela diz que sente alguma melhora? Você acha que ela tem consciência desse diagnóstico, desse problema?

Mãe: Tem. Eu digo pra ela que *esse medicamento é pra ela se concentrar, pra ela conseguir fazer as coisas mais corretamente...* Ela sabe e nunca rejeitou.

Pesquisadora: Nunca rejeitou? Ela toma sem problemas?

Mãe: Sem problemas...

Pesquisadora: E você acha que ela acha que é bom pra ela?

Mãe: Sim. *Logo no início ela até pedia* "ai, mãe, me dá uma [metilfenidato]" "me dá uma [metilfenidato]"...

Pesquisadora: E você vê diferença não só nessa questão da concentração, mas nisso que você falou que ela fala demais, que é meio agitada?

Mãe: Eu acho que ela dá uma baixada na ansiedade. [...] Dá uma melhorada... Eu até já tomei pra ver...

Pesquisadora: O que você sentiu?

Mãe: Tomei um, não me deu nada, daí tomei dois de uma vez. Aí me senti meio tontinha. [...] Logo que ela começou a tomar, ficava assim ó [fez um gesto como se a filha ficasse parada, olhar distante...], *estava quase me dando um troço ver a minha filha daquele jeito.*

No excerto, a mãe diz que "logo no início" a filha pedia o remédio. Podemos concluir, com base nesse relato, que a menina precisava responder ao grupo de convivência. Porém, os problemas (as

TDAH e medicalização

queixas da escola) que podem ter sido "amenizados" (a que custo!) em uma fase inicial persistiram ao longo da escolaridade e foram se agravando com o passar do tempo. É visível ainda que a diminuição das reclamações por parte da escola foi consequência do silenciamento medicamentoso da criança – estado esse que reflete uma condição de alheamento à realidade, o chamado *efeito zumbi*: "Estava quase me dando um troço ver minha filha daquele jeito".

Podemos garantir, com base em nossa prática clínica, que a voz dessa mãe ecoa a de muitas outras. Particularmente grave é a criança passar anos "acreditando" que necessita de um remédio para ser mais "correta", como se as questões dos seres humanos fossem apenas orgânicas e não sociais. Afinal, um medicamento seria capaz de "educar" uma criança? Qual é o peso das práticas/interações sociais no comportamento dos sujeitos?

Entre os efeitos da medicalização, estão as implicações para a formação da autoimagem, como veremos no próximo tópico.

"EU SOU AGITADA": A CRIANÇA ASSIMILA A VOZ ALHEIA

Um dos procedimentos da pesquisa que envolveu Susi foi pedir a ela que descrevesse a si mesma e a um colega: "Sou assim... Tenho um colega que é assim...". O objetivo foi analisar possíveis autor-representações. Susi assim se descreveu: *"agitada, rejeitada, feliz".* Considerando a posição verbalizada por escrito pela criança, questionou-se:

Pesquisadora: Por que você acha que é agitada?

Susi: Sim, é porque todo mundo fala isso [risos]. É porque lá em casa eu não paro quieta, tô toda hora me mexendo [...] "ô, mãe, ô, mãe, ô, mãe..." Eu não paro de falar, não paro de falar, não paro de falar, não paro de falar, entendeu? Eu tenho muita dificuldade de prestar atenção nos outros... Fico no mundo da lua...

Pesquisadora: Você fica no mundo da lua, Susi? Por que você acha isso?

Susi: Assim... Porque eu não presto atenção em nada. Até presto, só que... Eu tento...

Vê-se como a palavra do outro é trazida ao discurso de Susi para se autorrepresentar, algo que pode ser observado na resposta à pergunta se ela se considerava agitada: "Todo mundo fala isso".

Além disso, para "aderir" à visão do grupo, é como se Susi de algum modo precisasse se justificar. Ela só ficou se mexendo na cadeira quando ouviu a pergunta sobre a agitação. Da mesma forma, ao se referir à sua imagem de falante ("a tagarela da turma", como era retratada nos anos iniciais), derivada da anterior ("agitada"), a menina repetiu quatro vezes "Não paro de falar", como querendo assinar/confirmar seu estado. Susi acaba assinalando o fato social da formação da consciência: *se todo mundo fala que eu sou, eu sou...*

No entanto, no caso dela, a tensão dialógica (minha voz na relação *com* a voz dos outros – o que eu penso de mim *na fronteira com* o que os outros pensam de mim) revela o traço de singularidade da menina, que parece resistir, ao menos em parte, ao entorno. Percebe-se que em alguns momentos Susi apenas reproduz um discurso alheio; é como se ela ainda não o tivesse incorporado completamente. O que Susi faz é revelar os discursos que transitam ao redor dela e atravessam a sua autovisão. Porém, estes ainda não estão cristalizados – consequência da sua condição de sujeito reflexivo, que a faz ter "dificuldade" de se submeter, de se conformar, de se "normalizar". E é essa singularidade que marca a sua diferença. Vemos que essa arena de vozes também está presente no discurso da mãe:

Pesquisadora: A Susi é agitada?

Mãe: Eu acho que ela é agitada, que ela é chamada de agitada, porque é bem falante.

Pesquisadora: E ela se acha agitada?

Mãe: Sim. Ela se acha de tanto ouvir que é agitada, de tanto ouvir: "Para", "Para, Susi"... Porque a vida inteira foi assim. Na pré-escola a professora fazia queixa dela, que ela falava muito, imitava os amigos, imitava a professora... Então, a vida inteira ela ouviu isso. E acabou assumindo essa postura, eu acho. [...]

Pesquisadora: Essa questão da agitação vem só de ela falar muito? Ou tem outras questões?

Mãe: É disso. E também de ela ser *over* mesmo. Ela fica insistindo em algumas coisas: "Não, Susi, a gente já falou isso, Susi, a gente já resolveu isso". Aí ela volta ao assunto, fica insistindo, principalmente quando é contrariada...

[...]

Não se nega aqui que Susi seja muito falante, insistente e até mesmo repetitiva, como diz a mãe; o que se questiona é se essas características só ocorrem em sujeitos com diagnóstico de TDAH. Entendemos que todas as revelações da mãe indicam aspectos singulares: "fala muito", "repete muito", "insiste muito", "perde os objetos". No discurso, é visível que a escola foi corresponsável pela mudança de olhar: "A vida inteira foi assim [...] Na pré-escola a professora fazia queixa dela [...] ela acabou assumindo essa postura". Postura essa que Susi faz questão de ratificar, como pode ser observado a seguir:

Susi: eu assisto novela, daí tem as músicas dos Rebeldes, mas eu também escuto com ela [a mãe] umas músicas que ela gosta, tipo Zeca Pagodinho. Eu também gosto. Eu também escuto Exaltasamba, mas eu só gosto de uma música deles... ah, duas: "Aquela lua" e [ininteligível]. Eu gosto de assistir desenho...

Pesquisadora: De qual desenho você gosta?

Susi: Eu gosto do Sítio do Picapau Amarelo. Eu gosto do... Eu não tô com piolho, é que eu tenho uma ferida, entendeu [estava coçando a cabeça], que faz coçar... Eu sei que tu tá olhando.

Pesquisadora: Coça, coça... Eu nem tava vendo que tu tava coçando a cabeça...

[...]

Susi: Daí... que que eu tava falando mesmo? Viu como eu sou distraída?

É como se Susi tivesse de comprovar seu "problema"; justificar suas ações. No excerto anterior, a menina falava sobre coisas que gostava de fazer no dia a dia, mas o assunto tomou outro rumo, algo comum a qualquer conversação. No entanto, ao voltar ao tema anterior, Susi pergunta sobre o que estava falando antes, e, ao se dar conta do esquecimento, retruca: "Viu como eu sou distraída?". Entendemos que é natural que no fluxo do discurso um assunto leve a outro, que um tópico da conversa se perca e depois retorne; para Susi, entretanto, isso é visto como "distúrbio". Essa "distração" a que a menina se refere é inerente às conversações, mas por que ela a encara como sinal de desvio? Ainda, por que precisa assinalar esse *fato*? A quem Susi está respondendo?

É possível perceber que os aspectos individuais, que foram tomados como problemas na escola, contribuíram para que a menina, ao menos em parte, assumisse esse discurso. O normal se transformou em patológico; a "doença" foi assimilada pela criança.

Cabe ressaltar que é evidente que sua atenção aos outros é bastante aguçada. Susi coçava a cabeça e a pesquisadora estava entretida com a entrevista, mas a observou e ela percebeu esse olhar: "Eu sei que tu tá olhando...". Isso mostra que Susi percebe o outro, se atenta a ele e ainda justifica suas ações perante esse outro.

A CRIANÇA COM DIAGNÓSTICO DE TDAH "TÁ SEMPRE COM DOR"?

A seguir, algumas impressões da professora atual de Susi em relação à menina (grifos nossos):

> A Susi é uma criança apática, ela não tem interesse... *Não copia do quadro*, nunca sabe onde tá. Quando vou à mesa dela olhar, ela está em cima da atividade, mas não copia do quadro, não se interessa... Ela abaixa a cabeça: "Ai, eu tô com dor de cabeça, eu tô com dor no pé"... Está sempre com dor, sempre com dor. E hoje não trouxe material, não trouxe o estojo, já é o segundo dia, por que não trouxe o estojo? "Ah, porque minha mãe tirou, porque meu primo...". Nunca é ela... a responsabilidade nunca é dela... Então, ela sempre esquece o material, deixa o caderno em casa, não consegue se organizar.
>
> [Entrevista com a professora do 5º ano.]

Por meio da observação realizada na sala de aula frequentada por Susi, verificou-se que ela não parece apática, o que revela sua "resistência" – uma vez que, levando em conta sua vivência na escola, era de esperar que ela demonstrasse certa apatia, já que foram muitas as investidas para provocar o seu silenciamento, entre elas a medicalização. Mas, de fato, Susi não tem interesse, até porque as práticas pedagógicas não atraem as crianças em geral, algo que nos leva a questionar: por que os alunos têm de passar tanto tempo copiando lições do quadro? Por que as aulas são tão exaustivas? Por que ao professor não são oferecidas melhores condições (de formação, materiais de apoio e tecnológico) para que possa tornar suas aulas mais atraentes aos alunos?

Em nossa prática clínica, há queixas constantes de que alunos com diagnóstico de TDAH têm dificuldade de copiar do quadro, mas pensamos que essa "dificuldade" não é restrita a um grupo; trata-se de um problema geral. Entendemos que a cópia, além de cansativa, não gera aprendizagem, pois é uma atividade mecânica a que as crianças certamente não prestam atenção.

Cabe dizer que o exercício da escrita deve ocorrer em meio a produções textuais espontâneas e não por meio de cópia. Além disso, é uma perda de tempo. E o tempo é valioso, sobretudo no Brasil – um dos países em que as crianças permanecem menos tempo na escola.

Com relação a "estar sempre com dor", é típico das crianças que não são acolhidas pelo grupo, o que ocorre com frequência com alunos com diagnóstico de TDAH. Se observarmos os manuais que tratam das dificuldades da aprendizagem da criança, veremos que as "dores" infantis são tomadas como indícios de distúrbios. Pensamos, ao contrário, que as dores podem representar um sofrimento vivenciado pela criança e não um sinal de transtorno. É doloroso ter de passar algumas horas do dia, cinco dias por semana, confinado em um ambiente pelo qual não se formou um sentimento de pertença. Estar em grupo sem pertencer a ele deve ser um dos maiores estados de solidão que um ser humano pode enfrentar. O problema se agrava se esse ser humano é uma criança. É natural que as dores do espírito se materializem em dores físicas. A dor é uma resposta do organismo a uma relação sofrível.

Durante a observação em sala de aula, a pesquisadora não observou diferenças entre Susi e os colegas no quesito comportamental ou atencional. A professora regente, inclusive, mencionou que a turma toda era bem agitada; algo verificado posteriormente. Observou-se, no entanto, a exclusão da criança por parte dos colegas.

Para finalizar a apresentação do caso, reproduzimos um texto escrito por Susi, a fim de analisar aspectos de sua escrita (Figura 7, p. 157).

AVALIAÇÃO DA ESCRITA

Observa-se que Susi retrata a história de *uma menina* que vivia cantando *tristinha* e morava *sozinha*, mesmo sendo menor de idade. Vale comentar que mesmo crianças órfãs ou moradoras de rua dificilmente são vistas sozinhas, mas a criança retratada por Susi vivia assim. Certa vez, um menino que passava pela casa dela perguntou por que ela estava *triste*, e ela, após insistência do menino, respondeu que era porque não tinha pai nem mãe e vivia *sozinha* em casa. A tristeza dessa menina, então, decorria de um estado de solidão. Analisando a produção textual, levantamos a hipótese de que Susi se mostra no texto; algo que revela, de algum modo, o seu estado de exclusão social e escolar, como pode ser observado pela repetição dos termos "triste" e "sozinha".

Susi retrata uma menina que vivia *tristinha, triste, triste...* porque vivia *sozinha... sozinha...* Até que aparece um menino, que na realidade era um *anjo* e veio para resgatar a menina *tristonha* daquela situação de solidão e devolver a ela a felicidade perdida.

Pela avaliação do texto, comprova-se que Susi não tem "dificuldade" de escrita. Imprimiu sua intenção discursiva em uma produção linguisticamente organizada. O texto é coerente,

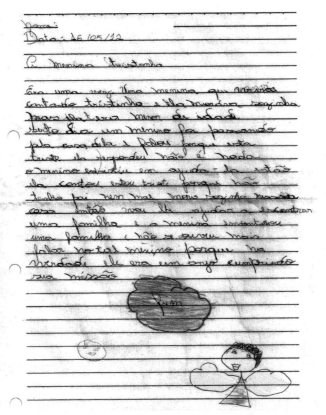

Figura 7. Texto "A menina tristonha"[34]: avaliação da escrita.

coeso e adequado ao gênero sugerido pela pesquisadora: o conto. Os eventos estão marcados no passado, pressupondo a interação com um interlocutor distante: "era uma vez uma menina que vivia...", "ela era menor de idade...", "um menino foi passando...", "não se ouviu mais falar do menino". Os acontecimentos são trazidos ao discurso em uma sucessão temporal de fatos. O final está bem elaborado e realiza um fechamento interessante para o texto.

Quanto aos aspectos formais, Susi não fez uso de pontuação, apenas um ponto final colocado indevidamente: "Era uma vez. Uma menina". Além disso, não marcou o discurso direto e não dividiu o texto em parágrafos. Apresentou ainda algumas pequenas ocorrências ortográficas (*familha*, *emtão*, *emcontrou*), previsíveis no processo de aquisição da escrita. Os aspectos formais sinalizam para o percurso de apropriação da escrita, ao mesmo tempo que mostram como pouco ler e pouco escrever na escola dificultam o desenvolvimento de alguns conhecimentos que contribuem para o estabelecimento de sentidos pelo leitor, a exemplo da pontuação.

Tendo em vista a exposição da história de Susi, compreende-se que seus sintomas representam uma construção social, ou seja, decorrem da inserção da criança em um processo de medicalização. Evidencia-se, assim, que quando há uma investigação aprofundada da história da criança, considerando-se, sobretudo, suas vivências na escola, ficam claras as bases socioeducacionais do chamado TDAH.

Embora a história aqui retratada seja decorrente de um único caso, ela aponta para uma realidade maior, o que significa que parte expressiva das vivências representadas neste livro abarcam uma dimensão coletiva. Entre essas vivências, estão as relacionadas a ações, práticas e discursos pedagógicos que se instauram em torno dos alunos considerados "resistentes". Ocorre que as ações infantis, quando não compreendidas nem aceitas pelos educadores, podem desencadear um processo de *discursivização desfavorável* ao bom desenvolvimento do aluno. Dessa forma, por um mecanismo de internalização de discursos estigmatizantes, são geradas implicações para a *subjetividade*, a *aprendizagem* e a *socialização* dos escolares submetidos a esse processo.

No que se refere à socialização, determinadas medidas pedagógicas – como o afastamento constante do grupo em sala de aula (cantinho do pensamento, no caso de Susi) – tendem a restringir o estabelecimento de relações afetivas desses alunos "excluídos" com os colegas, contribuindo para que tenham dificuldade de criar e manter vínculos amigáveis. Os alunos considerados "problema" e seus colegas vivenciam a exclusão. E, nesse processo de internalização de determinada condição, *todos* aprendem que os "resistentes" são "desviantes" e, por isso, não podem ser acolhidos. Desse ponto de vista, a exclusão social pode ser correlacionada às ações estabelecidas na escola.

Ainda no que se refere às ações pedagógicas, é preciso problematizar as tendências ditas "antissociais". Ao detectar um comportamento considerado antissocial – por exemplo, *uma criança que exerce sua liderança com autoritarismo brigando e dando ordens até mesmo às educadoras* – a escola pode, por meio do diálogo, ensiná-la a negociar seus desejos, a compartilhar opiniões, a ouvir o outro. É somente na relação social mediada que as crianças ganham oportunidades de aprender essas regras interacionais. Ao contrário, apontando os "erros" dos alunos, excluindo-os da relação com o grupo, encaminhando-os para profissionais de saúde, entre outras intervenções, em busca da "normalização", a escola transforma uma característica individual em "delito". Com isso, acaba-se trazendo à consciência do aluno atitudes que poderiam ser inibidas, fazendo, assim, que a criança internalize comportamentos não desejáveis.

Quanto à aprendizagem, Susi teve "problemas" no processo de alfabetização sem ter qualquer alteração orgânica que, porventura, justificasse a dificuldade apresentada. Em detrimento das práticas cristalizadas de ensino da leitura e da escrita, pôde-se observar como a visão redutora sobre a criança (e sobre suas capacidades) afetou sua subjetividade – que, por sua vez, prejudicou sua condição de aprendiz.

A HISTÓRIA DE MIGUEL

Miguel tem 12 anos de idade e frequenta o 6º ano (antiga 5ª série) do ensino fundamental de uma escola da rede pública que é considerada de referência. Tem um irmão biológico de 10 anos de idade, o Ricardo. Ambos foram adotados seis anos antes do início da pesquisa, ocasião da geração desses dados (Miguel tinha 6 anos, e Ricardo, 4). À época da adoção, Miguel e o irmão moravam em um abrigo para menores havia um ano, pois tinham sido retirados da mãe biológica (MB) em virtude de maus-tratos. Segundo a mãe adotiva, Júlia, durante o ano em que permaneceram no abrigo, a MB não foi visitar os filhos nem manifestou qualquer desejo de retomar a guarda deles. Júlia afirma ainda que as crianças, quando sob a guarda da MB, permaneciam em casa o dia inteiro, às vezes à noite, sozinhos, sem comida nem banho. Miguel, de acordo com Júlia, tem lembranças dessa fase, mas não se refere à MB como mãe – ele diz "aquela mulher". No relatório psicológico a que tivemos acesso, havia a informação de que Miguel tinha, inclusive, trocado de nome após ser adotado: "Sou o Miguel, não sou mais o Fernando, e meu pai e minha mãe são Júlia e José Paulo e pronto. Eu sou filho deles".

Júlia tem 42 anos e José (o pai adotivo), 55 anos. Ela é pedagoga, pós-graduada em psicopedagogia, e ele é taxista. A família reside em um condomínio de classe média no mesmo bairro onde fica a escola das crianças.

Não foi possível obter informações sobre a época da educação infantil de Miguel, pois nesse período o menino ainda estava sob a guarda da MB e depois no abrigo. O menino realizou o 1º e o 2º anos em uma escola pública municipal, sempre com a mesma professora. A partir do 3º ano, foi transferido para o atual colégio. Estuda no período vespertino, mas tem muitas atividades no período matutino: educação física e aulas de reforço (atendimentos extracurriculares que são oferecidos pela escola a todos os alunos que queiram ou precisem).

Segundo Júlia, no abrigo Miguel era tido como uma criança "normal", mas "logo que entrou para a escola [aos 6 anos e 9 meses] teve diagnóstico de que tinha alguma coisa". A mãe revelou que recebia constantes reclamações a respeito do filho "toda hora eles me ligavam e falavam 'o Miguel brigou na escola, o Miguel

TDAH E MEDICALIZAÇÃO

não para quieto"...". A mãe, porém, não via nisso um problema sério, uma vez que "no primeiro ano eles são muito ativos". Em função disso, Júlia optou por oferecer florais ao filho, mas como as queixas da escola persistiram, acabou por levar a criança ao médico, época em que ele recebeu o diagnóstico de TDAH. Ressalta-se que na atual escola as reclamações continuaram, pois "mesmo medicado eu [a mãe] era chamada direto também". Miguel realiza atendimento psicológico individual e familiar e ingere medicamentos para o controle de seus "sintomas".

PARECERES AVALIATIVOS DA ESCOLA: A "SENTENÇA" DE TDAH

A seguir, um dos pareceres de quando Miguel tinha 7 anos:

> Quanto à escrita, reconhece algumas letras em seu nome e alguns nomes significativos como de seus pais e seu irmão. Gosta de relatar fatos do seu cotidiano familiar. Observa-se que tem um pouco de *dificuldade de esperar a vez de falar*. Interessa-se por jogos e brincadeiras. Gosta de brincar no parque.
>
> *Dificuldade para ficar sentado durante muito tempo. Distrai-se e se esquece facilmente de tarefas e compromissos.*
>
> Em sua escrita espontânea *coloca letra sem valor sonoro, não identificando nenhuma sílaba*. Vem demonstrando interesse e contato com as letras móveis.
>
> Tem um pouco de *dificuldade para resolver cálculos mentais, bem como para reconhecer números*. Procura evitar atividades em que necessita utilizá-los.
>
> [Parecer avaliativo da escola, grifos nossos]

O parecer foi feito quando Miguel estava no 1º ano do ensino fundamental. É visível como a avaliação é a própria sentença do TDAH, *apresentação combinada*: "um pouco de dificuldade de esperar a vez para falar" (IMPULSIVO); "dificuldade para ficar sentado durante muito tempo" (HIPERATIVO); "distrai-se e se esquece facilmente de tarefas" (DESATENTO). Tais considerações, aliadas à queixa de conflitos com os colegas, foram responsáveis pela ida da criança a um consultório médico e pela indicação de medicamento controlado.

No caso de Miguel, há ainda uma importante consideração a ser realizada: até os 5 anos, ele foi vítima de maus-tratos pela mãe biológica e depois esteve sob abrigamento. É claro que tinha questões emocionais, tinha sido adotado havia pouco tempo, ainda estava se adaptando a seus novos pais, à sua nova vida. Ele chegou a trocar de nome, ou seja, ainda estava se constituindo no Miguel, pois até então era Fernando. É como se estivesse nascendo de novo, e ao mesmo tempo tinha de conviver com as lembranças passadas.

Camargo (2004, p. 112) diz que a emoção entra em relação com as funções cognitivas e se expressa por meio delas. "Funções como linguagem, memória, percepção e atenção estão carregadas de emoções, mesmo que, às vezes, veladas e de difícil reconhecimento". A autora caminha na direção de Vigotski (2004), para quem as dimensões afetiva e cognitiva do funcionamento da psique humana estão imbricadas. Desse modo, a criança vai internalizando em meio a suas relações "significados afetivos e morais que vão construindo sua configuração psíquica e sua identidade" (Camargo, 2004, p. 112).

Collares (1994, p. 109) entende que a criança com problemas psicológicos sérios pode ter a aprendizagem comprometida "não por uma interferência direta e exclusiva sobre os processos de aprendizado, mas por poderem comprometer todas as atividades desta criança". Essa criança necessita de atendimento psicológico não pelo fato de não aprender, mas por sua vida, pelo seu sofrimento.

A distração a que a professora se refere, no caso de Miguel, poderia refletir uma superatenção voltada ao seu mundo novo. Se a escola tinha conhecimento da realidade de Miguel, por que, mesmo assim, se mostrou pouco permeável ao entorno do aluno, à sua história, às suas condições de vida? Por que a criança que apresenta resistência em se sujeitar, seja por que razão for, acaba sendo penalizada? No lugar de serem compreendidas, as atitudes de Miguel foram tomadas como "sinais de problemas", e em vez de a escola contribuir positivamente nesse processo de adoção – e de superação das questões vivenciadas –, só fez convocar a família a apontar os "defeitos" da criança.

Os aspectos emocionais poderiam ter sido amenizados com o apoio da escola, mas o que tinha tudo para ser um processo saudável (a conquista de uma família estruturada) acabou perturbado. Há de se considerar, ainda, que, pelo relatório psicológico, Miguel estava disposto a enfrentar seu passado de maneira satisfatória "meu pai e minha mãe são Júlia e José Paulo e pronto". A criança parecia estar resolvendo suas questões de forma favorável, algo relevante para seu bom desenvolvimento, que poderia ter sido maximizado no espaço da escola.

É certo que o "destino" de Miguel seria diferente se, em vez de a professora apontar que, por exemplo, "ele tinha dificuldades em esperar a vez de falar", o tivesse, por meio da mediação, ajudado a perceber, gradativamente, que há o momento de falar e o de ouvir. A trajetória do menino poderia ter sido outra se a professora compreendesse que a "distração" e a "inquietação" das crianças podem ser superadas mediante atividades pedagógicas significativas.

No excerto há também uma alusão à aprendizagem: o aluno "coloca letra sem valor sonoro"; "não forma sílaba"; "tem dificuldade de reconhecer números". Como esperado, mais uma condição é atribuída à criança: a de portadora de dificuldades de aprendizagem. Miguel estava ainda no segundo trimestre do 1º ano; por que sinalizar de forma tão precoce o que ainda *não* conseguia fazer? A escola, ao contrário, poderia, em seus "pareceres avaliativos", mostrar o que a criança consegue e não valorizar o que ainda desconhece. Por exemplo, em vez de dizer "coloca letra sem valor sonoro", substituir por "reconhece várias letras do alfabeto, especialmente as de seu nome, fato inerente ao processo de alfabetização". Relatar o que o aluno consegue fazer e reconhecer cada pequena conquista sua é relevante ao seu aprendizado na escola, pois faz que ele internalize suas capacidades e conquistas. Além disso, contribui para criar vínculos afetivos entre professor e aluno.

Ao analisar o conteúdo do parecer (dirigido aos pais), é possível indagar a respeito dos discursos dirigidos à criança. Nesse caminho, apresentamos outro parecer, de quando Miguel tinha 8 anos e frequentava o 2º ano (grifos nossos): "*Continua sendo lembrado a concentrar-se mais* na realização das atividades em sala de aula. Tenho certeza que você vencerá este *desafio* com sucesso. Estou torcendo por você!"

Miguel "continua sendo lembrado a concentrar-se mais..." Isso implica a assimilação de uma condição: a de desatento. Lembremos que o menino teve a mesma professora no 1º e no 2º ano, o que significava que há dois anos vinha internalizando que tinha dificuldades de se ater e de aprender.

Camargo (2004, p. 121) entende que o autoconceito da criança é o melhor prognóstico para sua aprendizagem: "As crianças e adolescentes com mais elevada autoestima são também os que mais se sobressaem na escola". E se a autoestima é formada mediante as relações interacionais, entende-se por que crianças tidas como hiperativas/desatentas ficam com a imagem de si comprometida e apresentam "dificuldades" na alfabetização. Essas crianças deixam de acreditar em suas possibilidades por serem submetidas a discursos de alguns profissionais despreparados para o exercício da docência e podem desenvolver apatia, desinteresse, agitação. Ao ser constantemente lembrado a se concentrar, o aluno foi se constituindo em um sujeito/aprendiz com dificuldades de atenção, de comportamento, de aprendizagem.

No ano seguinte, já com outra professora e na escola atual, outro parecer de quando Miguel tinha 9 anos:

> Demonstra participar com atenção e compreensão das atividades propostas – **CPD (Com um Pouco de Dificuldade)**
> Demonstra concentração, organização e atenção nas aulas e realização das atividades – **CPD**

Conhece as letras do alfabeto e diferentes tipos de letras trabalhadas – **CPD**

Utiliza outras formas de linguagem para se comunicar (desenho, mímica, gestos) – **SIM**

Relata fatos do cotidiano com sequência lógica – **CPD**

Realiza contagem um a um e por agrupamento – **SIM**

Reconhece e utiliza corretamente a sequência numérica até 100 – **SIM**

Resolve problemas envolvendo as operações matemáticas trabalhadas – **CPD**

Compreende a importância de se ter bons hábitos para uma vida saudável – **SIM**

Conhece aspectos de sua vida em relação à família, à turma e à escola – **SIM**

Respeita as regras de convivência construídas pela turma – **CPD**

Utiliza o diálogo como uma alternativa na solução dos conflitos – **CPD**

Parecer: Estou gostando de seu empenho e interesse, mas você precisa melhorar seu relacionamento com alguns colegas de sala.

Miguel ainda apresenta "dificuldades" com as letras do alfabeto e também de atenção, concentração, organização, respeito às regras etc. Acreditamos que a criança submetida a processos interacionais desqualificatórios na escola só pode ter a chance de superá-los de forma plena se tiver a oportunidade de vivenciar interações positivas, isto é, com professores que a enxerguem de fato, que a valorizem, mostrem-se flexíveis diante das suas possíveis "questões", entendam os processos de aprendizagem – enfim, que sejam educadores de fato. Se a criança não encontrar na caminhada escolar um profissional com esse perfil, possivelmente entrará em um círculo vicioso: ficará mais desatenta, descentrada, com dificuldades e manifestando uma relação cada vez mais sofrível com a escola.

As crianças consideradas hiperativas/desatentas na escola são postas *no mundo da lua* e de lá, desse mundo tão distante, têm dificuldade de estabelecer e manter relacionamentos afetivos. Mattos (2005) afirma que o TDAH pode dificultar a manutenção de relações interacionais porque as pessoas com o transtorno resistem a seguir as regras estabelecidas, gerando a rejeição dos outros. Além disso, diz o autor, os portadores têm dificuldade de perceber o "jogo" da conversação, isto é, perceber se o outro está gostando ou não do que está sendo dito, se o assunto é apropriado para a ocasião, se a tomada de turnos está correndo conforme a convenção social.

Se os alunos considerados hiperativos/desatentos têm menos habilidade nos "jogos de conversação", isso se deve a uma participação menos efetiva em situações de trocas interacionais. Ora, em geral, essas crianças desde muito pequenas são excluídas do grupo de convivência na escola, ouvem que suas ações são inadequadas, e, assim, desenvolvem poucas relações de amizade. Existe, então, menos habilidade com o gênero conversacional por questões de aprendizagem. Miguel diz ter somente um amigo. Por serem constantemente advertidas, as crianças ficam confusas; acreditam que as pessoas não querem se aproximar porque suas atitudes são "desviantes". Essa consciência, adquirida na intersubjetividade, termina por comprometer suas relações.

No colégio atual de Miguel, as crianças até o 5º ano (anos iniciais) permanecem em um local diferente do destinado aos alunos dos anos finais. Quando entrou nessa escola, Miguel já tinha o diagnóstico e era medicado, mas as reclamações persistiram. Júlia afirma que o filho vivia fora da sala tomando chazinho (para se acalmar?), ou seja, internalizando que era "agitado". Miguel era, de certa forma, excluído da convivência com os colegas, do espaço da sala de aula – procedimento adotado por inúmeras escolas. Ao excluir o aluno da sala, o professor contribui para que a criança forme uma consciência deturpada acerca de si. Colabora ainda para as dificuldades de aprendizagem, uma vez que, fora da sala, a criança, além de ficar com a autoimagem rebaixada, perde parte dos conteúdos que estão sendo trabalhados. Vejamos estas palavras da mãe de Miguel (grifos nossos):

Mãe: [...] *ele ficava muito fora da sala*, tomava chazinho... Quando ele foi aluno da Tereza foi a pior fase assim, acho que reforçou mais ainda essa questão dele. *Ela só via coisa negativa, foi bem difícil* [...].

Pesquisadora: O que ela dizia?

Mãe: Pra ter uma ideia, ela me encontrava no corredor e já dizia: "Hoje ele tá muito não sei o quê", "já saiu da sala"... Esse tipo de coisa.

Pesquisadora: E será que essa fala não ia pra ele também?

Mãe: Ah, eu acho que sim... *Saía da sala.*

Júlia diz que na fase em que o filho foi aluno da Tereza "deve ter reforçado mais ainda a questão dele" e sua avaliação é bastante acertada, já que, para Bakhtin (2008), a compreensão de si mesmo e a compreensão da realidade está orientada pelo discurso do outro. A professora encontrava a mãe nos corredores e mencionava questões depreciativas acerca do comportamento de Miguel. Essas atitudes/discursos possivelmente afetaram a formação da subjetividade da criança. Além disso, ações pedagógicas inadequadas geram consequências que se estendem para além da escola e comprometem a qualidade de vida da criança.

"EU NÃO CONSIGO ME CONCENTRAR NA AULA": O MENINO ASSIMILA A VOZ ALHEIA

No discurso de Miguel ecoam as vozes do entorno:

Miguel: [...] eu não consigo me concentrar na aula...

Pesquisadora: Por que você não consegue se concentrar na aula?

Miguel: É. Quando eu não tomo remédio.

Pesquisadora: Quando você não toma remédio. Quando você toma, você consegue?

Miguel: Às vezes. A maioria das vezes eu não consigo.

Pesquisadora: A maioria das vezes você não consegue se concentrar?

Miguel: É. A maioria.

Pesquisadora: Por que você acha isso?

Miguel: Não sei. É por que eu tenho déficit de atenção?

O "não consigo me concentrar na aula" é uma percepção de Miguel ou foi internalizada no processo da escolaridade? Isso nos remete ao discurso da professora do 1º e do 2º ano: "Continua sendo lembrado a concentrar-se mais". O aluno foi sendo alertado de que não conseguia se atentar e agora "reproduz" o discurso assimilado[35]. Em princípio, revela que não conseguia prestar atenção quando estava sem medicação, em virtude da lógica estabelecida de que o remédio seria capaz de mantê-lo atento. Por fim, diz que a maioria das vezes não consegue, pois tem déficit de atenção. Ao inculcar a doença, a criança internaliza os sintomas que a condição patológica implica.

Vejamos, no diálogo travado com a pesquisadora, a menção de que as vozes do entorno consideram Miguel "agitado":

Miguel: Todo mundo. [o considera agitado]

Pesquisadora: Todo mundo?

Miguel: Todo mundo menos um...

Pesquisadora: Menos quem?

Miguel: O Joaquim.

Pesquisadora: Quem é o Joaquim?

Miguel: Meu amigo, aquele magrinho.

Pesquisadora: Todo mundo menos o Joaquim...

Miguel: Às vezes ele diz...

Pesquisadora: Por que será que às vezes ele diz?

Miguel: Porque ele vê que eu tô agitado.

Pesquisadora: O que ele diz?

Miguel: "Ô, Miguel, hoje tu tá agitado, tenta melhorar..."

Pesquisadora: E você tá agitado mesmo?

Miguel: Eu acho que sim.

Nota-se que um complicador do processo patologizante é ser rotulado negativamente por "todo mundo"[36]. Miguel diz que todos o consideram agitado, menos um, seu único amigo, mas até mesmo este o admoesta pela agitação – o que contribui para que ele se "renda" à visão do grupo. Na realidade, a criança que vivencia a patologização carrega emoções fortes, pois tem de lidar com situações muito estressantes. É excluída das relações, é vista e tratada como um ser "anormal", é medicada, é rotulada, é controlada. Obviamente, essas interações alteram algumas de suas ações, o que acaba, por seu turno, fortalecendo a noção já enraizada de que a criança é "portadora" de uma patologia.

Desse modo, o comportamento é resultado da interação do sujeito com o meio; interação essa que provoca intenções, motivações, gostos, desgostos etc. Nesse caminho, Koch e Cunha-Lima (2007) postulam que o entendimento do funcionamento dos processos cognitivos (atenção, comportamento voluntário, percepção, memória) deve estar atravessado pela superação de dicotomias. Para as autoras, "a questão não é perguntar como a interação pode influenciar os processos cognitivos [afetivos], como se os dois fossem elementos estanques. A pergunta é, ao contrário, 'como a cognição se constitui na interação?'" (p. 256).

Entender que a cognição se constitui na interação é compreender que os processos psíquicos se organizam e se reorganizam na vigência da intersubjetividade. Quando se diz algo, assegura Sobral (2010, p. 24, grifo do autor), "o sujeito sempre diz de *uma dada maneira dirigindo-se a alguém*, e o ser desse alguém interfere na própria maneira de dizer, na escolha dos próprios itens lexicais". Ser tido como "agitado" e "desatento" favorece uma antecipação do outro, que pode se utilizar de expressões ("presta atenção"; "não fica agitado"; "você tá agitado?"; "se acalma") que propiciam o surgimento dos sinais que se desejam inibir na criança.

Se é na interação que o sujeito se revela, é natural que a condição imposta socialmente ("agitado") traga abalos à subjetividade da criança, "sinais" e *muitos conflitos*. Nota-se que, em resposta à pergunta "E você tá agitado mesmo?", Miguel responde: "Eu *acho* que sim". Ele modaliza. É como se confirmasse e, ao mesmo tempo, negasse a patologia que lhe foi imputada.

Assim, o ser "agitado" pode significar duas situações: 1) às vezes a criança extravasa suas emoções, ou seja, reage às interações de forma não desejada por ter sido afetada por elas; 2) ações corriqueiras são analisadas de forma enviesada, pois os olhares do entorno social também sofreram com o processo de patologização. Talvez o único amigo não dissesse para outra criança que, com ações semelhantes às de Miguel, "tu tá agitado, tenta melhorar". O problema é a criança patologizada receber do outro, de modo constante, impressões estigmatizantes, pois isso pode atingi-la sobremaneira e gerar o extravasamento das emoções, reiterando, assim, o diagnóstico.

O DIAGNÓSTICO CLÍNICO E SUAS IMPLICAÇÕES PARA A SUBJETIVIDADE DA CRIANÇA

Além do diagnóstico de TDAH, Miguel recebeu outros dois: Transtorno de Oposição Desafiante (TOD) e Transtorno Bipolar, algo que pode ser observado no discurso da mãe (grifos nossos):

> Pesquisadora: Agora ele não está mais tomando a [metilfenidato]? [A medicação havia sido substituída em decorrência de reações adversas]
>
> Mãe: Não...
>
> Pesquisadora: E você sentia diferença quando ele tomava?
>
> Mãe: Sentia, mas eu acho que o Miguel precisava de alguma coisa a mais... O médico dizia que ele tinha TOD e Transtorno Bipolar, além da hiperatividade. E, no final do ano passado, não era possível. Ele *estava tomando remédio pra transtorno bipolar e pra hiperatividade [...] e estava tendo muito alteração de humor*, tava um clima bem pesado em casa. Eu era chamada direto na escola. Aí perguntei ao médico: "É possível tirar o remédio do Miguel nas férias e eu ficar com ele?"... Porque eu sabia que ele queria alguma coisa a mais, eu achava que ele precisava de mim [...] Aí começamos com atendimento [psicológico] de família, que era indicação do psiquiatra... *Aí ele deu o remédio de novo, mas não deu mais pro transtorno bipolar... Ele achava o TOD muito parecido com o bipolar*, então podia ser que ele não tivesse... Ele não tinha um diagnóstico fechado pelo jeito. Daí ele não deu mais o remédio e eu consegui lidar com o Miguel tranquilamente.

Segundo a mãe, o médico havia dito que Miguel tinha TOD e transtorno bipolar, além de TDAH. O TOD é considerado uma

TDAH e medicalização

comorbidade frequente do TDAH. Segundo o *DSM 5*, o TDO apresenta um padrão de irritabilidade, raiva, ressentimento, vingança, atitude argumentativa, comportamento desafiante e hostil. Entre os sintomas estão também resistência a ordens e a pedidos realizados por figuras de autoridade. Além disso, as pessoas afetadas pelo transtorno costumam não assumir a responsabilidade por ações inadequadas.

Porém, ao analisarmos as descrições dessas "doenças" contemporâneas, vemos que se baseiam em comportamentos puramente aprendidos. Desobediência, teimosia, hostilidade, relutância a negociações podem ser tidos como padrões inatos de comportamento? É preciso diferenciar os limites tênues entre o "normal" e o "patológico", assim como questionar a proliferação de transtornos mentais que têm aparecido no século XXI. Nesse sentido, as características pessoais não podem ser patologizadas como se os seres humanos fossem todos "iguais". Evidentemente, estamos tratando de aspectos como obediência e aceitação. Se, desde muito pequena, a criança é duramente punida na escola por suas ações consideradas desviantes, não terá mais dificuldade de negociar? Além disso, são oferecidas oportunidades de negociação à criança ou impõem-se regras sem que a ela sejam dadas chances de questionar? E o principal: se suas ações sofrem constantes desvios de interpretação, como ela poderá não manifestar suas emoções?

No entanto, como algumas crianças vivenciam a patologização, muitas de suas (re)ações são vistas como sinais de patologia. Assim, suas atitudes podem ser consideradas "opositivas". Nota-se também que essas doenças são bastante similares. Se elencarmos os sinais de uma e de outra "patologia" será difícil identificar a que transtorno pertencem. Isso, inclusive, é aludido pelos próprios pesquisadores da linha organicista. Souza e Pinheiro (2003, p. 95, grifos nossos), por exemplo, dizem que o transtorno bipolar tem sido alvo

de grande polêmica na literatura médica em razão da atipicidade do quadro clínico de mania na infância e na adolescência e dos *fatores confundidores* que representam o diagnóstico de TDAH, transtorno de humor e transtorno desafiador de oposição e conduta.

Essa alusão aos "fatores confundidores" dessas doenças corrobora o discurso da mãe: "Ele [o médico] pensou, o TOD é muito parecido com o bipolar". Cabe dizer que os critérios que definem esses transtornos poderiam ser rediscutidos se o olhar dos avaliadores levasse em conta a subjetividade das crianças e as demais variáveis que interferem em suas ações. Mas, ao ser objetificada, a criança é considerada doente; alguns médicos se fecham ao contexto de produção do comportamento infantil, anulam a arquitetônica do ato (Bakhtin, 2010), e, voltados principalmente para o discurso da escola sobre a criança, validam e esclarecem "cientificamente" aquilo já posto pelo discurso pedagógico. Tal postura encontra ressonância nas palavras de Ponzio (2010, p. 17): "A [...] modelagem cultural mesma da vida funciona na base de classificações, de fechamentos, de atribuições de pertencimento, recorre ao gênero, ao universal como condição da identificação, da diferenciação, da individualização". E, nesse modelo de vida, que acolhe certo modelo de escola e pressupõe a modelagem de corpos obedientes – por onde impera o apagamento da alteridade – as relações sociais são regidas por mecanismos de intolerância ao outro.

Júlia diz que sentia diferença com o estimulante, mas não soube especificar que "diferença" seria essa. O que ficou claro é que ela sentiu que o filho precisava de "alguma coisa a mais". A vivência da mãe, no seu *mundo não oficial* da vida vivida (Bakhtin 2010), no confronto com o *mundo oficial*, da cultura, de indivíduos individualizados por coordenadas que os assumem como representativos deste ou daquele conjunto que representam "classes", "aglomerados", "coletivos" (Ponzio, 2010, p. 19), fez que ela notasse que o filho precisava de "gente", não de drogas. A mãe pede ao médico para não medicar o filho nas férias e, com isso, com *a criança como ela é*, afirma ter conseguido "lidar com o Miguel tranquilamente".

TDAH e medicalização

A professora de Língua Portuguesa de Miguel, por seu turno, revela uma visão crítica sobre o problema (grifos nossos):

Professora: *Não é que eu tô duvidando da palavra médica, mas tanto o Miguel quanto o Antônio* [aluno de outra sala com diagnóstico de TDAH] *têm uma história de vida bem difícil.*

Pesquisadora: O Miguel tinha outros diagnósticos, não sei se você sabe. Transtorno Bipolar e Transtorno de Oposição.

Professora: Na verdade, *desde que entrei na escola é a única coisa que eu escuto do Miguel. Que ele tem isso, que ele tem aquilo* [...] Eu respeito, eu entendo, não tenho capacidade pra dizer o que é um e o que é o outro. Só que, por experiência [..], *cada médico diz uma coisa* [...] A mãe é uma pessoa muito boa, muito esforçada, com um coração imenso. E ela, como nós, não tá sabendo... [...] *Ela é refém também.* [...] E vou te dizer da importância das famílias. Se a família não dá suporte, fica muito difícil pra criança, porque aqui a gente tem muita coisa boa, 25 em sala é muito melhor pra você dar conta, né? Eu tive um aluno em 2010 [em outra escola] que, nossa, o Miguel é um anjo perto dele. Ele era bem o estereótipo, sabe, tinha hora que ele começava a fazer assim [fez a expressão no rosto] jogava a carteira, também tinha 12 anos. *Eu pedia ajuda* [à escola], *mas era isso que eu recebia: "Tem TD não sei o quê, TD não sei o que lá,* "A sala multimeios não pode ajudar". Eu sabia que ele era atendido pelo Capsi [Centro de Atenção Psicossocial Infantil] e entrei em contato com eles, porque nada dava certo com o menino. Mas o Capsi mandou uma carta de volta [...] dizendo que *o menino não tinha nenhum problema desses,* que a questão dele era reflexo da agressividade que ele recebia em casa, e que o trabalho tava sendo feito com a família porque a mãe não tinha mais autoridade com a criança. *E quando os professores leram esse parecer não queriam acreditar, sabe?* E insistiam que ele era TD [...] *professor também se apoia nisso.* "Ah, ele não aprende porque tem algum transtorno". Então, pra essa criança era muito pior porque a família não podia dar suporte e a escola não tinha o mínimo suporte... Aqui tem um diferencial, mas ainda é muito precário.

A professora inicia sua fala dizendo que não está duvidando da "palavra médica", mas logo se percebe que ela está questionando alguns diagnósticos clínicos. Pertencemos a uma sociedade que pouco problematiza o discurso da medicina – discurso esse, pelo menos "oficialmente", investido de cientificidade. Mas, no mundo extraoficial da vida vivida (Bakhtin, 2010), a professora se dá conta do caráter ambíguo do discurso oficial; do fato de que podem ocorrer divergências entre os profissionais de medicina; como, aliás, acontece em muitas outras profissões. Na realidade, é uma questão de paradigmas teóricos que dividem as linhas de pensamento dentro da área da saúde. A professora, ciente disso, não toma a "palavra médica" como verdade, mas como um discurso passível de contestação.

Pelo relato observa-se que a professora contesta não apenas o diagnóstico, mas a voz da escola, que estigmatiza Miguel: "Ele tem isso, ele tem aquilo". O discurso da professora aponta para a problematização da visão que anormaliza, muito presente na *nova política da inclusão*, conforme Skliar (2006). Diz o autor que a educação inclusiva deveria ser pensada de outro ponto de vista, deixando de lado a ideia do "normal" – seja o normal corporal, da língua, da aprendizagem, da sexualidade, do comportamento, da escrita e da leitura, da atenção etc. Skliar entende que se a educação inclusiva não é eficaz nem eficiente para colocar sob suspeita a *normalidade*, a *norma*, o *normal*, então não tem razão de existir.

Nesse sentido, a professora de português se aproxima de uma política inclusiva, pois coloca em xeque a questão da "anormalidade" no campo da educação. Ela relatou sua experiência com outra criança em outra escola, dando a entender que teria esse aluno um comportamento mais "agitado" do que o de Miguel, mas mesmo assim tentou entender o que estava acontecendo com o menino. Ao contrário de uma "visão consensual, coletiva, de grupo, de classe", a professora saiu de uma posição "confortável", que busca e aceita os diagnósticos imputados aos escolares.

Assim, exercendo sua condição de sujeito ativo, que permite um olhar analítico e crítico para a situação, a professora, descontente com a visão da escola, solicitou ajuda no local em que o aluno era atendido. Lá soube que os problemas da criança eram reflexo da agressividade em casa, contrariando professores que já a tinham diagnosticado na escola. Na instituição de saúde não havia o diagnóstico de transtorno psiquiátrico, mas esse era o discurso da escola. Ocorre que, ao ouvir o parecer sobre o caso "os professores não acreditaram, insistiram que ele era TD", uma vez que "professor também se apoia nisso. Ah, ele não aprende porque tem algum transtorno".

UMA VISÃO DIALÓGICA DO ALUNO

A seguir, um excerto da entrevista em que a professora de Língua Portuguesa menciona parte de suas impressões sobre Miguel (grifos nossos):

> Professora: Leigamente, acho que ele é desatento. Não sei se isso é uma questão patológica, de doença, mas ele é mais desatento que outros. Ele é hiperativo... *Não, não queria classificá-lo* [...] ele é muito agitado, mas acho que *temos de considerar a história dele.* Ele não é um caso extremo; peguei crianças tão ou mais agitadas que o Miguel. Às vezes é *fase... eles são muito crianças.* Os meninos são superimaturos, querem brincar, querem correr.
>
> Pesquisadora: Você considera Miguel mais desatento e mais agitado do que os outros?
>
> Professora: Sim, mas nada como "Ah, nunca vi isso na minha vida!" Acho que, em geral, ele é mais do que os outros, mas não do tipo "nunca vi um caso desses". [...] Às vezes ele não tá num dia bom. Normalmente a gente tem um relacionamento bom, eu brigo com ele, tal, mas ele gosta de mim. Me pede beijo, vem me mostrar as coisas que ele faz... Mas teve uma vez que eu pedi uma atividade pra ele e ele me xingou, falou alto, eu estranhei, né? [...] tirei ele da sala, coisa que eu não faço com quase nenhum aluno. Depois ele veio me pedir desculpas, e o meu auxiliar me contou que o Miguel tinha ido muito mal na prova de ciências. Ele tinha uma relação muito difícil com a professora, e a minha aula foi bem depois dessa prova, então ele estava bem agitado.

Vê-se que o discurso da professora revela uma visão situada sobre o aluno. Ao dizer que não gostaria de classificá-lo, ela se recusa a diagnosticá-lo, entendendo que não é esse seu papel. E substitui o termo "hiperativo", que poderia conotar uma atividade patológica, por "agitado", no sentido de uma atividade excessiva, mas que não constitui um caso extremo, podendo ser sazonal. A professora diz que Miguel é *mais* desatento, *mais* agitado que outros, mas reforça que isso não significa que ele seja portador de uma anormalidade.

A professora busca mecanismos para não rotular o aluno. Leva em conta fatores inerentes à constituição do sujeito: sua história pregressa, sua idade ("são muito crianças"), as condições do grupo. É visível que considera o fator coletividade, colocando na balança a subjetividade da criança, sua historicidade e inserção social. Nesse sentido, podemos dizer que analisa o aluno de forma "dialógica", sem concluí-lo, sem objetificá-lo.

Na segunda parte do excerto, a professora relata um episódio em que Miguel a "agrediu" verbalmente. Esse "sinal", que poderia ser entendido por muitos professores como característica de um transtorno, é visto por ela de forma contextualizada. Miguel havia tido problemas com a professora da aula anterior e, afetado pela interação, manifestou suas emoções na aula seguinte. Ter uma visão dialógica do outro, portanto, implica considerá-lo um ser complexo e multifacetado, sujeito às influências de seu meio de convivência.

Na sequência, ainda explicitando o que entendemos por "visão dialógica do aluno", contrapomos o olhar de uma auxiliar (universitária que à época da pesquisa acompanhava Miguel em sala) sobre o menino. Em seguida, reproduzimos mais uma fala da professora de português (grifos nossos):

Auxiliar: Ele levanta muito a mão, mas eu percebo que ele levanta sem saber o que quer perguntar, mais pelo hábito de querer perguntar do que exatamente ter dúvidas... Quando ele levanta a mão, às vezes é uma coisa nada a ver com o assunto ou algo sem necessidade, fora do contexto. Ou: "Ai, esqueci". Às vezes é esse *jeito ansioso dele* de querer perguntar...

TDAH e medicalização

Professora de Língua Portuguesa: Ele faz bastante [comentários fora de contexto], mas alguns alunos estão no mesmo nível. Eu estou falando de A, eles falam de F. [...] Às vezes eu tô falando um negócio e ele fala outro que não tem nada a ver, mas não é uma coisa assim muito diferente da turma. *Acho que é uma característica daquela turma* [...] Pode reparar: o Augusto, por exemplo, levanta a mão e não tem nada pra dizer, então inventa um negócio pra falar porque quer falar, entende? O Miguel também tem momentos assim: "O pessoal levantou, eu também vou levantar". *Mas também tem a turma.*

No primeiro discurso, vemos a aderência a uma visão "coisificante", que relaciona um aspecto coletivo (participação em sala) à condição que foi dada a Miguel ("o jeito ansioso dele"). No segundo, encontramos um olhar situado, que considera as condições do grupo: "Acho que é uma característica daquela turma". Assim, a professora de LP não constrói "a personagem com palavras estranhas a ela, com definições neutras; não constrói um tipo, um temperamento nem, em geral, uma imagem objetiva do herói; constrói precisamente a palavra do herói sobre si mesmo e sobre o mundo" (Bakhtin, 2008, p. 60).

Ao relatar as questões da aprendizagem, a mesma professora remete o discurso mais às potencialidades do aluno – ao que ele consegue – e menos ao que ele ainda não consegue (grifos nossos):

Professora de Língua Portuguesa: E aqui na escola eu tenho conversado bastante com a professora de Matemática, porque acho que o Miguel não tem muito problema de interpretação de texto. *Consegue* ler um texto, *consegue* entender, *consegue* falar sobre, emitir opinião sobre... Só que sistematizar na escrita é um problema. Conversei com a professora de Matemática e com ela também ele faz conta de cabeça... *ele consegue entender o raciocínio*, mas para pôr no papel...

Pesquisadora: Ela me disse que é uma questão de organização...

Professora de Língua Portuguesa: De organização, de escrita, ontem mesmo a gente corrigiu uns exercícios.

Pesquisadora: Eram as perguntas do filme? [a professora havia passado um filme e dado perguntas sobre ele]

Professora de Língua Portuguesa: Isso. [...] Eu falei: "Miguel, lê o que você escreveu"... Aí ele abandonou a atividade, porque não estava entendendo o que estava escrito. Só que *ele falou bem sobre o que viu, entende?*

Pesquisadora: Organizar um eixo talvez... Você acha?

Professora de Língua Portuguesa: Não sei. Não sei se o problema foi na alfabetização dele ou se é ocasionado por remédios. Sentar e escrever no papel com coerência é um problema pro Miguel...

Pelo discurso da professora, é nítida a valorização dos conhecimentos já adquiridos pelo aluno. "Consegue ler"; "Consegue entender"; "Consegue falar sobre", e mesmo quando se reporta a um aspecto ainda em desenvolvimento "escrever com coerência", apresenta a adversativa *mas* para qualificá-lo: "*Mas* ele *falou bem sobre o que viu, entende?*"

Assim, apesar do histórico de interações negativas vivenciadas, Miguel tem alguma oportunidade de encontrar vozes de apoio que possam ajudá-lo na construção de uma autoimagem mais positiva.

"CARA, NINGUÉM GOSTA DE TI": O SINTOMA DOS EXCLUÍDOS

No excerto a seguir, a professora de Língua Portuguesa revela sua preocupação com a exclusão vivenciada por Miguel em sala de aula (grifos nossos):

Professora de Língua Portuguesa: Eu já falei pra coordenada de inclusão na escola que a turma pega demais no pé do Miguel. Tem hora que ele é chato mesmo, faz brincadeiras bobas, é um pouco infantilizado. Só que a turma realmente... *Eu ficaria preocupada* [...] O Miguel não pode falar nada: "o Miguel isso, o Miguel fez aquilo..." Então, não sei se aquela turma é boa para o Miguel [...] eu acho que *tinha que ter uma psicóloga na escola.* Eu não me importaria em ceder aula pra fazer dinâmicas na sala, de conscientização, *orientar os professores,* já falei pra mãe [...] para *a coordenadora de inclusão e para a orientadora educacional.*

Pesquisadora: Eles fazem mais trabalhos em grupos?

Professora de Língua Portuguesa: Esse semestre nem estou fazendo. Mas ele tem muita dificuldade de trabalho em grupo, primeiro de relacionamento. *Os outros não querem fazer com ele.*

A professora, além de vivenciar a exclusão do aluno, revela que já informou outros profissionais da escola sobre a situação de Miguel e, sem encontrar respaldo na instituição, menciona a necessidade de um profissional externo, um psicólogo. Revela, ainda, que poderia ceder aulas para a realização de "dinâmicas de conscientização" e para orientação dos professores, demonstrando a necessidade de alguma direção para colaborar na socialização do aluno.

Desse modo, o psicólogo na escola[37], como gostaria a professora, poderia promover parcerias para a discussão e o enfrentamento dos problemas que se impõem como desafio no contexto da própria escola. Entendemos que a expectativa da professora é de que o psicólogo ajudasse a minimizar o sofrimento de muitas crianças que vivenciam a exclusão e acabam desenvolvendo reais "sintomas" por dificuldade de lidar com a rejeição (grifos nossos):

Miguel: As pessoas me tratam mal na escola porque eu tenho déficit de atenção. Ficam me dispensando...

Pesquisadora: Eles sabem?

Miguel: Sabem [...] Eles me chamam de feio no colégio. *Eles dizem: "Cara, ninguém gosta de ti".*

Pesquisadora: Por quê?

Miguel: Porque *eu sou diferente deles?*

Pesquisadora: Como?

Miguel: *Diferente. Corpo. Alma.*

Pesquisadora: Como assim?

Miguel: Sou baixo. [Ele não é baixo, é mediano]

Pesquisadora: Que mais?

Miguel: No comportamento.

Pesquisadora: Comportamento?

Miguel: Atitude. Eu *me comporto diferente das pessoas*, tipo não paro quieto.

Pesquisadora: O que eles fazem?

Miguel: Ficam fazendo sacanagem comigo.

Pesquisadora: Que sacanagem?

Miguel: Todo tipo. Fazem brincadeira de mau gosto comigo, ficam me enganando...

Pesquisadora: Como assim?

Miguel: Falando de uma coisa que é e não é. Eu pergunto: "É verdade que vai ter aula amanhã?" Eles falam "é", e quando eu chego não tem. [Às vezes tinham aula aos sábados]

Pesquisadora: E o que você acha que precisa pra eles te deixarem em paz? [Expressão que havia sido usada por ele]

Miguel: Precisa colaborar comigo.

Pesquisadora: E você, precisa mudar?

Miguel: Atitude...

Pesquisadora: Que tipo de atitude?

Miguel: Comportamento na escola. *Comportamento diferente?*

Pesquisadora: Como assim?

Miguel: *Mudar de atitude, mudar o que eu faço pra outra coisa pra que eles comecem a gostar de mim.*

Pesquisadora: E que coisas que você faz? Tipo o quê?

Miguel: Eu tenho que me comportar mais. Ficar quietinho, na minha. Ter respeito.

A criança percebe que não é aceita, uma vez que é "diferente". Nesse ponto é preciso problematizar o termo "diferente" (assumido por Miguel), visto que se tornou comum no discurso de profissionais de saúde, educação e dos próprios sujeitos "fabricados" como "diferentes". Rodrigues (2006, p. 304) entende que "o termo diferente é usado com frequência como um *alter nomine* de deficiente (sinalização de qualquer problema no aluno). Tal como no processo integrativo existiam os 'deficientes' e os 'normais', encontramos agora os 'diferentes' e os 'normais'".

Skliar (2006, p. 24) esquadrinha a razão pela qual considera que "a escola atual não se preocupa com a 'questão do outro', mas tem se tornado obsessiva ante todo resquício de alteridade, ante cada fragmento de diferença em relação à 'mesmice'". Diferença na escola é tomada como sinônimo de *diferencialismo*. Diz o autor que a escola não tem tradicionalmente discutido a questão do outro, mas se voltado à obsessão pelo outro, ou seja, transformando-o em portador de um traço que pensa ser "particular". Para Skliar, a diferença não deve ser encarada de forma *stricto senso*, ou seja, como característica particular, atributo do sujeito. As diferenças no campo da educação devem ser consideradas de forma ampla e como uma possibilidade de reflexão e entendimento sobre a própria condição humana.

Miguel ouve: "Cara, ninguém gosta de ti". No relato do menino é visível a assimilação do discurso alheio, que reflete o entendimento de que ele tem de se transformar em outra pessoa – mudar de atitude – para que possa partilhar da convivência social. Porém, por que para sermos aceitos temos de partilhar do mesmo comportamento dos outros? Por que a mentalidade da inclusão segue os mesmos preceitos dos mecanismos de exclusão social?

Skliar (2006, p. 28) explica que os mecanismos de exclusão e inclusão seguem as mesmas diretrizes de controle individual. "O sistema que exercia o poder excluindo, agora *cego àquilo que acontece lá fora* – e já não pode controlar com tanta eficácia –, se propõe a fazê-lo por meio da inclusão ou, para melhor dizer, mediante a ficção da promessa integradora". Para o autor, cria-se na escola a ilusão de um território inclusivo, mas aí se exerce a exclusão dos que são pensados como "anormais". Seguindo essa "lógica perversa", só podemos entrar em relação com o outro de forma objetificada em meio à modalidade do diferencialismo. Como nas palavras de Miguel, que pressupõe que ser aceito significa se "comportar mais", "ficar quietinho, na minha", "ter respeito". E com isso, tanto na escola como na vida, "acabamos reduzindo toda a alteridade a uma alteridade próxima, a alguma coisa que tem de ser obrigatoriamente parecida a nós – ou ao menos previsível, pensável, assimilável" (Skliar, 2006, p. 29).

Para finalizarmos a apresentação de Miguel, avaliemos a sua escrita.

AVALIAÇÃO DA ESCRITA

Em sala de aula, a professora de Língua Portuguesa pediu aos alunos que escrevessem cartas para, juntos, levarem as produções escritas ao correio. Como Miguel, em princípio, revelou não saber para quem escrever, a pesquisadora sugeriu que ele escrevesse para uma criança com a qual ele pudesse interagir. Depois de conversarem sobre a proposta de escrita, Miguel aceitou escrever à sobrinha da pesquisadora, que reside em outra cidade.

Miguel se engajou na proposta da carta[38] e, tendo um interlocutor definido, iniciou a produção introduzindo o nome da receptora. Na sequência, ao escrever "eu quero tanto te conhecer", esclarece que escreve para uma pessoa desconhecida, o que, de certo modo, poderia ter imposto à sua produção algumas peculiaridades, como perguntas direcionadas ao conhecimento do interlocutor: idade, onde estuda, onde mora, do que gosta e não gosta etc. Contudo, ele já havia realizado perguntas à pesquisadora e, ciente de muitas informações a respeito da menina, configurou sua produção contando duas histórias (Figura 8, p. 183).

Tal configuração encontra respaldo na proposta de escrita em sala de aula, pois a professora de LP havia sugerido aos alunos que comentassem a história de um filme assistido na escola; e também nas observações da pesquisadora, que havia dito que a Gabriela gostava muito de ouvir histórias. Desse modo, a carta está intercalada por um relato, em que Miguel conta parte de sua trajetória de vida, e pelo conto, em que retextualiza um texto lido pela pesquisadora durante a avaliação.

Ao dar início à primeira narrativa da carta, Miguel alerta que contará a história de sua família, situando a veracidade dos

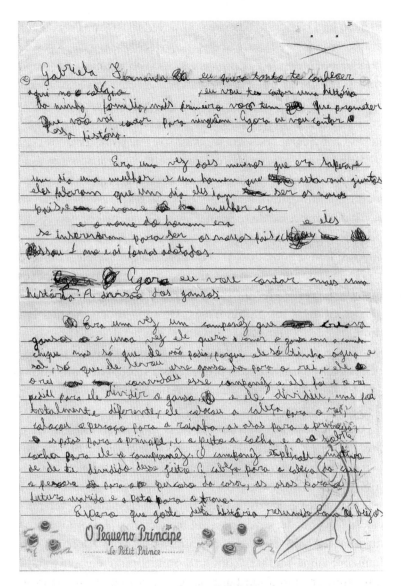

Figura 8. Produção textual de Miguel.

acontecimentos, ou seja, contextualiza as condições de produção de seu texto. Contudo, seguindo a convenção que marca grande parte das narrativas com as quais possivelmente teve contato, o menino inicia a escrita com a locução adverbial "era uma vez", o que acaba por induzir a colocação dos "personagens" em terceira pessoa do plural "era uma vez *dois meninos*", indo ao encontro do tempo verbal utilizado nas histórias iniciadas por "era uma vez". Não obstante, Miguel, dando-se conta de que "os dois meninos que era sapeca" eram seu irmão e ele, promoveu a mudança de tempo para a primeira pessoa do plural: "Eles iam ser *nossos* pais; aí *fomos* adotados..."

Pelo relato é possível apreender que Miguel foi adotado juntamente com outro menino por um casal que se inscreveu para a adoção. Entretanto, há uma lacuna no texto, que poderia, se revista em processo de reescrita, levar a uma melhor percepção por parte do leitor. Assim, quando Miguel diz que "passou 1 ano e ai fomos adotados", não está claro a que se refere. Sugere ter-se passado um ano após a inscrição do casal para a adoção; quando, na realidade, um ano foi o período de abrigamento, até que as crianças fossem adotadas. De todo modo, Miguel era muito pequeno e talvez não se lembre dos detalhes do processo. Ocorre que não foi observada em Miguel uma atitude de releitura, de afastamento de sua produção no sentido de, colocando-se no lugar do leitor, procurar refletir sobre os efeitos de sentido de sua escrita.

Com relação aos aspectos formais, no trecho em análise é possível observar o uso de maiúsculas e de sinais de pontuação, bem como a presença de um problema de concordância verbal: "dois meninos que *era* sapeca".

Quanto aos aspectos textuais, o uso dos elementos de referenciação é adequado, sendo possível recuperar os elementos introduzidos. Assim, por exemplo, introduz os referentes "um homem"; "uma mulher" com artigo indefinido, demonstrando um conhecimento importante da organização de texto, dado se tratar de uma informação nova para o leitor. Em seguida, ainda no mesmo trecho, faz uso da anáfora pronominal "*eles* falaram", remetendo ao homem e mulher previamente citados. A retomada ocorre inclusive por meio de anáfora nominal "Júlia Silva"; "José

Silva", seguido de nova remissão pronominal: "*Eles* se inscreveram". Miguel finaliza a cadeia coesiva já utilizando o artigo definido de forma adequada: "*os* nossos pais".

Com relação à segunda história, Miguel inicia com "era uma vez", como na sequência anterior e se coloca a retextualizar um texto que havia sido lido para ele em situação de avaliação: *A divisão dos gansos,* de Rosane Pamplona. Ressalte-se que o menino respondeu às perguntas realizadas sobre o texto anteriormente à produção escrita, o que demonstrou seu entendimento e atenção sobre o que havia lido. Contudo, ao escrever a narrativa, deteve-se em enunciar a parte inicial do conto, deixando de lado os demais elementos constituidores (conflito, resolução e desfecho).

De início, supôs-se que, por ter escrito uma página inteira de texto, Miguel apressou-se em finalizar sua produção. Mas, ao observar seu caderno de LP, notaram-se algumas lacunas no discurso escrito, que, por vezes, levam a dificuldades no estabelecimento de sentidos por parte do leitor. Desse modo, existe a necessidade de uma maior inserção em práticas de escrita e reescrita de textos para que Miguel avance nos aspectos discursivos, já que são esses aspectos que deixam algumas de suas produções lacunares, e não fatores de ordem textual ou formal.

Com relação ao uso dos elementos de referenciação, é possível recuperar os referentes introduzidos; o menino, inclusive, se preocupa em desfazer possíveis ambiguidades, que poderiam levar à confusão do leitor. Por exemplo: "[...] e ele levou esse ganso la para o rei, *e ele o rei* convidou esse camponêz [...]"; "[...] e o peito a cocha e a sobre cocha para *ele o camponêz*". Há, contudo, algumas pequenas inadequações que necessitariam ser revistas por Miguel: na primeira linha "o ganso" seria mais bem introduzido por artigo indefinido. "O rei", na terceira linha, pode ser entendido como anáfora associativa a camponês, introduzido na primeira linha. Haveria, no entanto, a necessidade de contextualizar o convite realizado pelo rei para que o camponês compartilhasse da refeição, solicitando, ainda, ao convidado a divisão do presente (o ganso). Por fim, Miguel termina a produção "com beijos e abraços" à sua destinatária, revelando um conhecimento importante do gênero carta pessoal.

Ao término desta análise, cabe dizer, com respeito às histórias das duas crianças, que nem Susi nem Miguel se enquadrariam na escola dita tradicional. Susi tinha dificuldade de seguir as regras impostas pela escola. Já Miguel, ao adentrar o contexto escolar, tinha uma condição emocional afetada pelo histórico de seu primeiro núcleo familiar. Os dados apontam que nenhuma das crianças foi acolhida pela maioria dos educadores em suas necessidades e singularidades. Ao contrário, suas ações foram tomadas como sinais de problemas.

Assim, ambos tiveram prejuízos significativos para a constituição da subjetividade – por conta da inserção em um processo de patologização –, o que repercutiu na alfabetização e na socialização deles na escola e fora da escola (exclusão escolar e social).

Na avaliação fonoaudiológica de Susi e Miguel, observou-se que a "dificuldade" na alfabetização decorreu de questões subjetivas, pedagógicas e afetivas. Nos pareceres pedagógicos a que tivemos acesso (e pelo relato das mães), percebemos enunciados desqualificatórios, projeções negativas, "diagnósticos" equivocados (pouco "educativos"), pautados em uma visão estigmatizante sobre a criança e suas capacidades. Embora muitos professores tenham uma visão situada do aluno e sejam reflexivos e críticos, trata-se, ainda, de uma minoria, conforme mostra a realidade educacional de nosso país.

Considerações finais

SE, DE INÍCIO, O TDAH era visto quase exclusivamente como patologia, transtorno mental, distúrbio de cunho neuro(bio)lógico de etiologia provavelmente genética, hoje esse paradigma vem sendo confrontado por pesquisadores de diferentes áreas (médicos, psicólogos, fonoaudiólogos e educadores). Tais estudiosos, alertando para o fato de que vivemos a *era dos transtornos*, objetivam promover reflexões sobre a *medicalização da educação*, a fim de conter esse fenômeno que vem assolando o contexto educacional no Brasil e em nada tem contribuído para a solução dos problemas que se apresentam.

Este livro procurou evidenciar que a discussão sobre os problemas de atenção e linguagem não pode ser reduzida aos comportamentos puramente observáveis. Compreender o TDAH como algo que pode se constituir mediante processos interacionais desfavoráveis só é possível quando se aborda a multiplicidade de fatores que envolvem os seres humanos em sociedade. Assim, ao considerar as variáveis sociais, educacionais, políticas, históricas, afetivas e linguísticas, entende-se que os alunos diagnosticados podem apresentar um "transtorno" construído socialmente. Seguindo esse raciocínio, entendemos a razão pela qual pais e educadores *democráticos* tendem a contribuir para a formação de crianças mais "normativas" (no sentido canguilheano) do que familiares e educadores *autoritários* ou demasiadamente *permissivos*.

Nesse sentido, levamos em conta não apenas a noção de "comportamento" veiculada em larga escala pelas ciências da saúde, mas sobremaneira a noção de "comportamento dócil" oriunda do pensamento filosófico. Foi partindo desta última que apresentamos a discussão sobre a construção do TDAH e a divisão social realizada entre os "normais" (que se enquadram ao que a sociedade impõe) e os "anormais" (os que questionam, *não se submetem facilmente*) – ou seja, os que têm o "perfil TDAH". Entende-se ainda que as noções de *normalidade* e *patologia* perpassam aspectos sociais (a norma social) e jamais poderiam deixar de ser analisados do ponto de vista da *ideologia*.

Abordamos, portanto, a medicalização e a construção do diagnóstico de TDAH ao longo da história: como o TDAH passou de "defeito no comportamento moral" a um conjunto de sintomas que correspondem atualmente a um transtorno funcional. Vimos também a fragilidade dos aspectos que circundam esse diagnóstico, *já que os marcadores de identificação propostos são legitimados pela escola*. Concluímos ser fundamental incorporar aspectos socioculturais quando se discutem questões relacionadas às dificuldades de atenção. Caso isso não seja feito, os fenômenos de patologização e medicalização serão uma constante.

Vimos que o processo de atenção é um sistema funcional complexo; por isso, tentativas de localizar a atenção no cérebro são equivocadas. No entanto, na "era da neofrenologia", pesquisadores, amparados por instrumentos extremamente tecnológicos, repetem as mesmas experiências de localização de funções que ocorriam no século XIX. Contudo, a noção de que crianças com diagnóstico de TDAH teriam possíveis diferenças cerebrais vem sendo bastante questionada por pesquisadores que colocam em evidência os problemas metodológicos desses estudos.

Preconizamos que os estudos de neuroimagem estão atravessados por uma visão de cérebro e de cognição apartada de aspectos sócio-históricos e culturais e, com isso, os resultados desses estudos ficam comprometidos, uma vez que práticas sociais diferenciadas têm implicações para os processos de atenção. Não à toa, mesmo após décadas de pesquisas desenvolvidas em vários lugares do mundo, o caráter biológico do TDAH não foi comprovado.

Ao analisar os critérios diagnósticos do Manual Americano de Psiquiatria ("fala em demasia", "corre em demasia", "não espera sua vez de falar" etc.), é possível mesmo acreditar que o TDAH seja subnotificado, como afirma a corrente dominante, uma vez que boa parte das crianças se encaixa naqueles critérios. Isso leva a entender que o TDAH é tão frequente por ser... *normal*, como diria Canguilhem (2010). O problema, desse modo, não é o TDAH em si, mas as implicações geradas pela inserção da criança em processos medicalizantes.

Observamos ainda a busca incessante da implantação de políticas educacionais específicas para diagnóstico e tratamento do TDAH. Acreditamos que tais políticas possam ampliar significativamente o já crescente e assustador fenômeno da patologização na escola. Se, desde sempre, as crianças são alvo de olhares que buscam na "doença" a explicação para o desastre educacional no Brasil, agora – por meio de cursos de formação voltados à identificação de potenciais consumidores de remédios –, os professores estarão *legitimados* a apontar e a encaminhar os alunos para os consultórios médicos. Com isso, a quantidade de diagnósticos provavelmente aumentará, pois *é com base no discurso do professor que muitos profissionais da saúde baseiam seu diagnóstico*. Questionamos aqui por que não se oferecem cursos de formação universitária e continuada para que os alfabetizadores aprendam a lidar com a heterogeneidade em sala de aula, a realizar ações inclusivas e a desenvolver uma parceria escola/família.

Com relação à (má) qualidade do ensino no Brasil, é possível afirmar que esteja atrelada, em grande medida, às estratégias de formação que pouco preparam o educador para lidar com as imensas complexidades com as quais ele depara. Ressalte-se que a maioria dos diagnósticos é dada no contexto de ineficácia do sistema de ensino brasileiro – que, mediante um mecanismo de autoproteção, tende a culpar o aluno. E, nesse processo de culpabilização, dá-se margem à produção de "doenças" no espaço da escola.

É nesse campo que a fonoaudiologia educacional pode atuar, em ações conjuntas com o professor – possibilitando que este exponha suas necessidades e dificuldades, suas dúvidas relacionadas às patologias reais e às construídas socialmente, aos aspectos processuais da aprendizagem e às práticas de letramento, entre outros temas que podem ser alvo de debate.

O mais importante é que ao professor seja oferecida a oportunidade de conhecer o *outro olhar* sobre o TDAH, para que reflita e, em vez de diagnosticar, transforme-se em um agente de mudança de uma situação caótica, mas que pode ser enfrentada e superada mediante união e comprometimento dos profissionais envolvidos.

Desse modo, proporcionando a conscientização sobre as ações e os discursos dos educadores, bem como ampliando suas vivências de letramento, os fonoaudiólogos agiriam minimizando o "desamparo" do professor. Promover-se-ia, nesse sentido, a saúde e o alfabetismo no espaço da escola, movimento que favoreceria a *despatologização* da educação. Os professores seriam levados a perceber que, em contextos significativos de aprendizagem, os alunos engajam-se e, com isso, aprendem. Ou seja, os "sintomas" de desatenção e hiperatividade – de alheamento ao que é *imposto* pela escola – seriam substituídos por outros sinais: comprometimento, avanço, apropriação de conhecimentos. Adicionalmente, modificar-se-ia o *olhar* do professor sobre o aluno e do aluno sobre o professor, pois haveria maior comprometimento mútuo.

Entendemos que só assim, por meio do empoderamento do profissional da educação, poderemos nos desprender de paradigmas pautados no "sujeito ideal" e nos engajar na transformação necessária à construção de uma escola verdadeiramente inclusiva.

Aqui mostramos a história de duas crianças. Em ambos os casos, vimos que a construção e a manutenção dos sintomas ocorreram

TDAH e medicalização

em virtude de um processo de *patologização*. Evidencia-se, assim, que quando há uma investigação aprofundada da história da criança, considerando-se, sobretudo, as suas vivências na escola, é possível compreender a constituição do TDAH. Vimos ainda que mesmo quando há questões de ordem emocional, o aluno, quando recebe *acolhimento pedagógico*[39], pode se desenvolver de forma mais satisfatória na escola.

Em suma, não se trata apenas de "métodos de ensino", mas sobretudo do respeito à alteridade no espaço da escola, o que implica a promoção da relação entre sujeitos e não entre "objetos" (relação objetificada). Assim, mesmo que inserido em práticas pedagógicas mais situadas, se o aluno for vítima de uma visão patologizante e excludente, ou seja, se as singularidades inerentes aos seres humanos forem tomadas como sinais de doenças que precisam ser tratadas em clínicas de saúde, a criança poderá ter problemas de desenvolvimento dentro e fora da escola. De qualquer modo, sendo essa criança menos ou mais afetada, um sentimento de insegurança, de incapacidade – e de infelicidade – vai sendo incorporado de tal modo que começa a se configurar, por vezes, um *sintoma* de fato.

Entretanto, assim como a discursivização e as expectativas desfavoráveis afetam negativamente a subjetividade e a aprendizagem da criança, a *discursivização favorável* conduz a avanços. Na apresentação das trajetórias das duas crianças, vimos que interações sociais afetivas ajudam a promover a aprendizagem. Essas interações, atravessadas por uma visão dialógica do aluno, sugerem a compreensão do caráter multifacetado e inconcluso do sujeito, bem como revelam o entendimento relacionado ao fato de que os indivíduos são inseridos em processos históricos e coletivos. Esse "olhar dialógico" permite ao aluno construir uma autoimagem positiva. Tais relações favoráveis são fundamentais para que a criança tenha chances de reagir/resistir ao processo de assujeitamento imposto por vozes estigmatizantes e, com isso, possa minimizar a relação muitas vezes sofrível estabelecida com a escola e com a própria condição de sujeito/aprendiz.

Por fim, esperamos ter demonstrado que o estudo do TDAH, com base na vertente sócio-histórica, é fundamental para evidenciar a existência de diferentes possibilidades de interpretação da realidade. Este livro mostrou a multiplicidade de facetas que envolvem a "normalidade" e a "patologia" no que se refere a atenção, comportamento e linguagem. Ressaltamos que não estamos relativizando a existência de *problemas reais* que requeiram recursos suplementares à educação formal na escola ou mesmo atendimento com profissionais de saúde – o que estamos discutindo é a construção de um "transtorno" que tem sido concebido à margem das práticas sociais.

Notas

1   Somos o segundo consumidor mundial de metilfenidato, perdendo apenas para os Estados Unidos. MACHADO, J. L. A. "A 'pílula da boa nota': causas e consequências". 10 jul. 2012. Disponível em: <http://cmais.com.br/educacao/educacao-em-dia/noticias/a-pilula-da-boa-nota-causas-e-consequencias>. Acesso em: 20 abr. 2014.

2   Controlar a atenção e o comportamento do consumidor durante o período em que o organismo está sob o efeito da droga.

3   A medicalização está atrelada à esfera da saúde, pois implica diagnósticos de doenças e tratamentos em clínicas. A patologização, neste livro, está vinculada ao contexto escolar. Representa, no nosso modo de entender, o "pré-diagnóstico" dado pelos educadores.

4   Os dados apresentados neste livro foram retirados de pesquisas científicas desenvolvidas pelas autoras. Tais pesquisas foram aprovadas pelo Comitê de Ética da Universidade Federal de Santa Catarina (UFSC). Foram respeitadas as normas sobre ética em pesquisa com seres humanos, garantidas pela resolução 466/2012. A identidade dos participantes foi preservada. A professora doutora Ana Paula Santana coordena o projeto de pesquisa intitulado Grupo de Estudos em Linguagem Cognição e Educação (GELCE) da UFSC/CNPq, do qual a fonoaudióloga doutora Rita Signor é participante. Não há conflito de interesses nas pesquisas desenvolvidas pelas autoras.

5   Essa é a hipótese neurobiológica para o TDAH. Existem outras explicações organicistas para esse fenômeno. Não nos deteremos em todas as abordagens, pois é suficiente entender que a vertente organicista apresenta hipóteses neuro(bio)lógicas (cerebrais) para o distúrbio.

6   Na atualidade, prevalece a noção de que o suposto TDAH poderia ocorrer em virtude de uma "disfunção" no cérebro. Contudo, mesmo admitindo a possibilidade de uma deficiência seletiva na disponibilidade de dopamina e de norepinefrina, Barkley (2006) afirma que essas "poucas evidências" não podem ser consideradas conclusivas no momento. Tal ineficiência do sistema dopaminérgico ocorreria em virtude de uma

falha genética, mas essa crença também não passa de suposição. Os pesquisadores costumam se referir aos genes "candidatos" ao transtorno. O autor cita uma série de pesquisas nesse sentido, nas quais se enfatizam os genes responsáveis pela regulação de dopamina. Barkley (2006, p. 250) assim sintetiza a questão: "Estudos de genética molecular mostram que o polimorfismo gênico associado de forma mais segura ao TDAH é o polimorfismo do gene DRD4 (48-bp) com sete repetições, e o segundo *corpus* de evidência mais forte sustenta um papel para o polimorfismo (longo) do gene DAT1 480-bp". O autor sugere ainda o possível envolvimento do alelo DRD5. Apesar de apresentar os genes "possíveis", ele afirma não existir qualquer evidência de que o TDAH resulte de estruturas cromossômicas anormais.

7   Disponível no site da Associação Brasileira de Déficit de Atenção: <http://www.tdah.org.br>. Acesso em 19 ago. 2013.

8   Disponível em: <http://www.tdah.org.br/images/stories/site/pdf/snap-iv.pdf>. Acesso em: 21 abr. 2016.

9   De qualquer modo, acreditamos que não é a criança que precisa se modificar, mas o sistema educacional como um todo. Se o sistema se modificasse, sem dúvida, "afetaria" o cérebro das crianças.

10   O caso de Susi será descrito com mais detalhes no Capítulo 6 deste livro.

11   Para avaliar a linguagem, os testes realizados foram de vocabulário e de memória remota, o que, do nosso ponto de vista, mostra que o teste não dá conta do fenômeno complexo e multifacetado que constitui a linguagem.

12   Ressaltamos que há profissionais com métodos avaliativos diferenciados. Não estamos generalizando, tampouco analisando a conduta em si, mas salientando a necessidade de que – na avaliação da criança – sejam consideradas em profundidade questões sociais, culturais, históricas e coletivas.

13   Em linhas gerais, há um aumento de 20 comprimidos (se tomados uma vez ao dia para ir à escola, cinco vezes por semana) para 84 comprimidos por mês (se tomados três vezes ao dia, sete dias por semana), ou seja, um consumo quatro vezes maior.

14   Neste livro, os nomes comerciais dos medicamentos só serão mantidos quando foram mencionados pelos autores/pesquisadores. Quando citados pelos familiares serão omitidos ou substituídos pelo princípio ativo.

15   O sistema reticular ativador ascendente e descendente assegura uma das formas mais complexas de atividade refletora, o reflexo orientado. Este apresenta alta seletividade em relação à sua parte efetiva e motora. Assim, se o homem se prepara para uma excitação dolorosa, por exemplo, surgem mudanças nas respostas elétricas no córtex antes mesmo de a sensação dolorosa acontecer. Do mesmo modo, quando aguarda que

TDAH E MEDICALIZAÇÃO

uma luz seja acesa, aparecem mudanças das respostas elétricas nas áreas visuais do lobo occipital (Luria, 1991).

16 No caso de patologias que sugerem uma condição orgânica, a exemplo da deficiência intelectual, há prejuízos para o funcionamento da cognição, incluindo a atenção voluntária. Reiteramos que estamos, aqui, nos referindo especificamente ao TDAH, entendendo que seus "sintomas" são construídos no meio social e/ou refletem características individuais do sujeito (perfil de personalidade).

17 Para Hernández (2008), o TDAH geraria problemas na atenção seletiva e sustentada. A afirmação do autor nos leva a questionar: atenção sustentada a quê? Entendemos que a questão primária que envolve o "sintoma da desatenção" não é de "atenção dirigida", "seletiva" ou "sustentada", pois é amplamente conhecido o fato de que as crianças com esse diagnóstico podem ficar bastante tempo envolvidas em atividades intelectivas que lhes despertam o interesse, o que indica que o problema pode ser de "atenção sustentada à sala de aula". Em outros termos, postulamos, ao considerar as histórias das crianças avaliadas, que o problema é de desatenção às atividades descontextualizadas que atravessam o contexto de muitas salas de aula. Uma argumentação recorrente no meio organicista é a de que as crianças com TDAH se engajam em atividades que lhe são interessantes porque os centros do prazer localizados no cérebro suprem o déficit atentivo. Contudo, nossa prática clínica tem mostrado que até mesmo atividades, em princípio, consideradas desinteressantes, a exemplo da leitura e da escrita, podem, desde que contextualizadas, despertar o desejo e, consequentemente, promover a aprendizagem. No caso da escrita, o simples fato de saber que a produção textual será publicada, ou que será destinada a alguém (que não seja apenas um "corretor"), por si só já produz motivação e desperta os "centros de prazer" cerebrais.

18 Neste capítulo, não vamos tratar de questões relacionadas a diagnósticos que podem envolver aspectos de ordem cognitiva – como ocorre em crianças com autismo, problemas neurológicos e deficiência intelectual, entre outros. Nesses casos, há comprometimentos que afetam os processos psicológicos superiores que não se assemelham ao chamado TDAH, como é tratado neste livro.

19 As estimativas de prevalência no Brasil, segundo dados coletados pelo Boletim Brasileiro de Avaliação de Tecnologias em Saúde (Brats, 2014), variam consideravelmente: de 0,9% a 26,8%.

20 Ao citarmos pesquisas, optamos por fazer referência à "criança com TDAH". Fizemos essa escolha a fim de respeitar a posição e o modo de

referenciar dos autores. Entretanto, quando estivermos mencionando nossas pesquisas ou apresentando nossas ideias, usaremos a expressão "criança com diagnóstico de TDAH", pois entendemos que ter o diagnóstico não significa ter TDAH – até porque os próprios médicos apresentam um posicionamento distinto diante dos chamados transtornos funcionais do desenvolvimento.

21 Não raro, deparamos com adultos sem qualquer diagnóstico que desconsideram o ponto de vista alheio. Tal comportamento não se restringe às crianças, tampouco ao grupo dos diagnosticados. O principal problema é a internalização, pela criança, da noção de que é impulsiva e desconsidera o outro. Tal internalização, que ocorre muitas vezes com a ajuda de profissionais de saúde e educação, age no sentido inverso. Em vez de promover a aprendizagem, naturaliza um processo que, quando ocorre de fato (na maioria das vezes são percepções e análises bastante equivocadas ou simplesmente preconceituosas), poderia ser revertido mediante processos interativos satisfatórios.

22 É interessante destacar que, para Mayberry (1992), hiperatividade, impulsividade, desorganização e egocentrismo são termos recorrentes na literatura especializada ligada à criança surda. A autora verificou que tais crianças apresentam menor diferenciação neuronal (maturação) nas áreas frontais dos hemisférios direito e esquerdo. Para Mayberry (1992), o atraso da linguagem pode impedir o desenvolvimento da habilidade planejadora, que está associada à função do córtex frontal. Em outras palavras, a comunicação é o "catalisador" da maturação social, cujo desenvolvimento é retardado em consequência do atraso do desenvolvimento da linguagem.

23 Disponível em: <http://www.camara.gov.br/proposicoesWeb/fichadetra mitacao?idProposicao=472404>. Acesso em: 27 abr. 2016.

24 http://ultimosegundo.ig.com.br/educacao/2015-04-14/1-em-cada-3-professores-tem-problemas-para-lidar-com-alunos-indica-levantamento.html Acesso em 15 de abril de 2015.

25 Disponível em: <http://educacao.uol.com.br/noticias/2013/12/03/pisa-desempenho-do-brasil-piora-em-leitura-e-empaca-em-ciencias.htm>. Acesso em: 29 abr. 2016.

26 Um trabalho decisivo nesse contexto é o de Patto (2010). A autora rompe com os mitos ligados a racismo, medicalização e carência cultural e enfoca o contexto sociopolítico. Sua obra promove uma *ruptura teórico--metodológica* nos estudos sobre o "fracasso escolar", pois ela não isola as *raízes escolares* do "fracasso" de seus condicionantes históricos e sociais ao analisar as práticas escolares de professores, coordenadores e

TDAH e medicalização

diretores e ao analisar a produção social de uma visão de mundo que informa e legitima tais práticas. Nesse sentido, a autora evidencia as esperanças, os preconceitos, os dramas e os sonhos de professores, alunos, pais, coordenadores pedagógicos e diretores, ou seja, dos personagens do cotidiano escolar.

27 Os alunos tendem a formar "panelinhas" e, com isso, algumas crianças "sobram".

28 Muitas crianças "rotuladas" começam a se colocar (ou são colocadas?) na "defensiva" e, às vezes, podem interpretar ações "corriqueiras" dos colegas como sinais de *bullying*, por exemplo. Esse aspecto merece ser investigado, pois pode exacerbar o problema da exclusão. Um psicólogo educacional pode contribuir para a compreensão deste e de outros problemas apresentados pela criança.

29 Susi e Miguel (nomes fictícios) participaram de uma pesquisa desenvolvida pela primeira autora deste livro sob a orientação da segunda. O estudo objetivou analisar as implicações do *processo diagnóstico* (escolar e clínico) de TDAH para a constituição da subjetividade e para a aprendizagem da leitura e da escrita dessas crianças. A fim de gerar os dados, foram realizados alguns procedimentos: entrevistas (familiares e professores), observação em sala de aula, avaliação fonoaudiológica das crianças com diagnóstico de TDAH, observação das condições de letramento do grupo de alunos e análise documental (relatórios, cadernos, livros, pareceres avaliativos clínicos e pedagógicos etc.). À época da coleta de dados, Susi era estudante do 5º ano (antiga 4ª série), e Miguel frequentava o 6º ano (antiga 5ª série) de uma escola pública.

30 Bakhtin (2003) considera impossível analisar o conteúdo da consciência como algo universalmente humano, distante da relação entre o *eu* e o *tu*. É na fronteira do eu com o outro, ou seja, no ponto de convergência, que a consciência pode ser compreendida.

31 Conforme relato da mãe, Susi teve a mesma professora "bem tradicional" aos 4 e aos 5 anos de idade, e esta "se queixava constantemente" da menina.

32 Muitas vezes, sequer aprendem a (de)codificar. É comum receber em clínica crianças em idade avançada que não reconhecem letras nem formam sílabas ou palavras.

33 A mãe diz que "também" era contra, pois o pai da menina não era favorável ao uso do medicamento.

34 Era uma vez. Uma menina que vivia cantando tristinha e ela moráva sozinha mas ela era menor de idade serto dia um menino foi passando pela casa dela e falou porque esta triste ela respondeu não é nada o menino ensistiu em ajudá-la então ela contou estou triste porque não

tenho pai nem mae moro sozinha nessa casa emtão vou lhe ajudar a encontrar uma familha e a menina emcontrou uma familha e não se ouviu mais falar no tal menino porque na verdade ele era um anjo cumprindo sua missão. Fim.

35 A assimilação do discurso alheio não significa a mera reprodução de vozes sociais. Para Bakhtin, assimilação é a força do discurso alheio no meu discurso.

36 No contexto da criança patologizada, é como se as interações se tornassem homogêneas. Até mesmo a resistência inicial dos pais vai perdendo força à medida que a criança avança na escalada. São poucas as pessoas que convivem com a criança e resistem firmemente às vozes "oficiais" e "enformadas". Collares (1994, p. 181), ao entrevistar profissionais de educação e saúde, detectou no discurso de cada um o reflexo do consenso ideologicamente construído. "Consenso que, imobilizante, legitima a manutenção das estruturas sociais. Um consenso alicerçado sobre preconceitos, contra todos os referenciais teóricos. Contra todas as evidências colocadas pela própria vida".

37 Pensamos que o fonoaudiólogo também poderia contribuir para a despatologização na escola.

38 Gabriela Fernandes eu quero tanto te conhecer aqui no colégio [B], eu vou te contar uma história da minha familia, mais primeiro você tem que prometer que não vai contar para ninguêm. Agora vou contar essa história. Era uma vez dois meninos que era sapeca e um dia uma mulher e um homem que estavam juntos, eles falaram que um dia eles iam ser os nossos pais, e o nome da mulher era [Júlia Silva] e o nome do homem era [José Paulo Silva] e eles se inscreveram para ser os nossos pais. Passou 1 ano e ai fomos adotados. Agora eu vou contar mais uma história: A divisão dos gansos: Era uma vez um camponêz que criava gansos e uma vez ele queria comer o ganso com a comida chique mas só que ele não podia, porque ele só tinha água e sal, só que ele levou esse ganso la para o rei, e ele o rei convidou esse camponêz e ele foi e o rei pediu para ele dividir o ganso e ele dividiu, mas foi totalmente diferente, ele colocou a cabeça para o rei, colocou o pescoço para a rainha, as asas para a princesa, as patas para o principe, e o peito a cocha e a sobre cocha para ele o camponêz. O camponêz explicou o motivo de ele te dividido desse jeito. A cabeça para a cabeça da casa, o pescoso para o pescoso da casa, as asas para o futuro marido e a pata para o trono. Espero que goste desta história resumida. Com beijos e abraços do [Miguel Augusto Silva].

39 Não excluímos, evidentemente, a necessidade de acolhimento psicológico.

Referências

ABREU, M. "Os números da cultura". In: RIBEIRO, V. M. (org.). *Letramento no Brasil*. São Paulo: Global, 2004, p. 33-47.

AMERICAN PSYCHIATRIC ASSOCIATION. *Diagnostic and Statistical Manual of Mental Disorders, fifth edition (DSM 5)*. Arlington: American Psychiatric Association, 2013.

_____. *Diagnostic and Statistical Manual of Mental Disorders, fourth edition (DSM-IV)*. Arlington: American Psychiatric Association, 1994.

ANGELUCCI, C. B. *et al.* "O estado da arte da pesquisa sobre o fracasso escolar (1991-2002): um estudo introdutório". *Educação e Pesquisa*, São Paulo, v. 30, n. 1, jan.-abr. 2004, p. 51-72.

AQUINO, J. G. "A desordem na relação professor-aluno: indisciplina, moralidade e conhecimento". In: AQUINO, J. G. (org.). *Indisciplina na escola: alternativas teóricas e práticas*. São Paulo: Summus, 1996, p. 39-57.

BAKHTIN, M. *Estética da criação verbal*. São Paulo: Martins Fontes, 2003.

_____. *Marxismo e filosofia da linguagem*. São Paulo: Hucitec, 2006.

_____. *Problemas da poética de Dostoiévski*. Rio de Janeiro: Forense Universitária, 2008.

_____. *Para uma filosofia do ato responsável*. São Carlos: Pedro e João, 2010.

BARKLEY, R. *Transtorno de Déficit de Atenção/Hiperatividade: manual para diagnóstico e tratamento*. Porto Alegre: Artmed, 2006.

BARINI, N. S. *Características linguísticas de crianças com transtorno do déficit de atenção e hiperatividade*. Dissertação (mestrado em Processos e Distúrbios da Comunicação), Universidade de São Paulo, Bauru (SP), 2014.

BAUMEISTER, A. A; HAWKINS, M. F. "Incoherence of neuroimaging studies of Attention Deficit/Hyperactivity Disorder". *Clinical Neuropharmacology*, v. 24, n. 1, 2001, p. 2-10.

BERBERIAN, A. P. *Fonoaudiologia e educação: um encontro histórico*. São Paulo: Plexus, 2007.

Berberian, A. P.; Mori-De Angelis, C.; Massi, G. *Letramento: referências em saúde e educação.* São Paulo: Plexus, 2006.

Blasi, H. F. *Contribuições da psicolinguística ao diagnóstico da dislexia.* Tese (doutorado em Linguística), Universidade Federal de Santa Catarina, Florianópolis (SC), 2006.

Bortolotto, N. *O sentido da ciência no ato pedagógico: conhecimento teórico na prática social.* Tese (doutorado em Educação), Universidade Federal de Santa Catarina, Florianópolis (SC), 2007.

Bourdieu, P.; Champagne, P. "Os excluídos do interior". In: Bourdieu, P. *Escritos de educação.* Petrópolis: Vozes, 2011, p. 217-28.

Brasil. *Constituição da República Federativa do Brasil.* Brasília, DF: Senado Federal: Centro Gráfico, 1988.

_____. Secretaria de Educação Fundamental. *Parâmetros Curriculares Nacionais: Língua Portuguesa.* Brasília: Secretaria de Educação Fundamental, 2007.

_____. Política Nacional de Educação Especial na Perspectiva da Educação Inclusiva. 2008. Disponível em: <http://portal.mec.gov.br/arquivos/pdf/politicaeducespecial.pdf.> Acesso em: 18 maio 2015.

Cagliari, L. A. "A respeito de alguns fatos do ensino e da aprendizagem da leitura e da escrita pelas crianças na alfabetização". In: Rojo, R. (org.). *Alfabetização e letramento.* Campinas: Mercado de Letras, 2006, p. 61-86.

_____. *Alfabetização e linguística.* São Paulo: Scipione, 2009.

Caliman, L. V. "Os biodiagnósticos na era das cidadanias biológicas". In: Collares, C. L.; Moysés, M. A.; Ribeiro, M. F. (orgs.). *Novas capturas, antigos diagnósticos na era dos transtornos.* Campinas: Mercado de Letras, 2013, p. 119-33.

Camargo, D. *As emoções e a escola.* Curitiba: Travessa dos Editores, 2004.

Canguilhem, G. *O normal e o patológico.* Rio de Janeiro: Forense Universitária, 2010.

Capellini, S. A. *et al.* "Hallazgos de neuroimagen y desempeño ortográfico de estudiantes con trastorno por déficit de atención con hiperactividad según la semiología de los errores". *Revista de Logopedia, Foniatría y Audiología*, v. 31, 2011, p. 219-27.

Capovilla, A. G. S.; Capovilla, F. C. *Alfabetização: método fônico.* São Paulo: Memnon, 2004.

Carey, W. B. "Is attention Deficit Hyperactivity Disorder a valid disorder?" In: Jense, O. S.; Cooper, J. R. (orgs.). *Attencion Deficit Hyperactivity Disorder: state of the science.* Kingston: Best Practices, 2002.

Castellanos, F. X. *et al.* "Developmental trajectories of brain volume abnormalities in children and adolescents with attention deficit/

hyperactivity disorder". *Jama – The Journal of American Medical Association*, v. 28, 2002, p. 1740-48.

COLLARES, C. A. L. *O cotidiano escolar patologizado: espaços de preconceitos e práticas cristalizadas*. Tese (livre-docência em Educação), Unicamp, Campinas (SP), 1994.

COLLARES, C. L.; MOYSES, M. A.; RIBEIRO, M. F. (orgs.). *Novas capturas, antigos diagnósticos na era dos transtornos*. Campinas: Mercado de Letras, 2013, p. 119-33.

COLLARES, C. A. L.; MOYSÉS, M. A.; GERALDI, J. W. "Educação continuada: a política da descontinuidade". *Educação & Sociedade*, Campinas, v. 20, n. 68, 1999, p. 202-19.

CONNOR, D. F. "Outros medicamentos". In: BARKLEY, R. (org.). *Transtorno de Déficit de Atenção/Hiperatividade: manual para diagnóstico e tratamento*. Porto Alegre: Artmed, 2006, p. 670-90.

CONRAD, P. "The discovery of hyperkinesis: notes on the medicalization of deviant behavior". *Social Problems*, Los Angeles, v. 23, n. 1, 1975, p. 12-21.

_____. "Medicalization and social control". *Annual Review of Sociology*, v. 18, 1992, p. 209-32.

_____. *The medicalization of society: on the transformation of human conditions into treatable disorders*. Baltimore: The Johns Hopkins University Press, 2007.

CONRAD, P.; BARKER, K. K. "The social construction of illness: key insights and policy implications". *Journal of Health and Social Behavior*, v. 51, 2010, p. 567-79.

CONRAD, P.; SCHNEIDER, J. W. *Deviance and medicalization*. Filadélfia: Temple University Press, 1992.

CORTESE, S; CASTELLANOS, F. X. "Neuroimaging of Attention-Deficit/ Hyperactivity Disorder: current neuroscience-informed perspectives for clinicians". *Current Psychiatry Reports*. v. 14, n. 5, 2012.

COSTA LIMA, C.; ALBUQUERQUE, G. "Avaliação de linguagem e comorbidade com transtornos de linguagem". In: ROHDE, L.; MATTOS, P. (orgs.). *Princípios e práticas em TDAH*. Porto Alegre: Artmed, 2003.

COUDRY, M. I. *Diário de Narciso*. São Paulo: Martins Fontes, 1988.

CUNHA, V. *et al.* "Desempenho de escolares com transtorno de déficit de atenção e hiperatividade em tarefas metalinguísticas e de leitura". *Revista CEFAC* (online), v. 15, 2013, p. 40-50.

DEHAENE, S. *Os neurônios da leitura: como a ciência explica a nossa capacidade de ler*. Porto Alegre: Penso, 2012.

RITA SIGNOR E ANA PAULA SANTANA

DAGNEAUX, I. "Surdité et normativité – De la médicalisation de la surdité à la culture sourde". 2012. Disponível em: <https://www.academia.edu/3542925/Conférence_Surdité_et_normativité_De_la_médicalisation_de_la_surdité_à_la_culture_sourde>. Acesso em: 21 abr. 2016.

DEMO, P. *O mais importante da educação importante.* São Paulo: Atlas, 2012.

DINIZ, M. "Os equívocos da infância medicalizada". In: *Formação de profissionais e a criança-sujeito*, v. 7, 2008, São Paulo. Proceedings online. Disponível em: <http://www.proceedings.scielo.br/scielo.php?pid=MSC0000000032008000100056&script=sci_arttext>. Acesso em: 29 abr. 2016.

FIGUEIREDO, V. L. M *et al.* "Subtestes semelhanças, vocabulário e compreensão do WISC-III: pontuação objetiva ou subjetiva?", *Psicologia: Reflexão e Crítica*, Porto Alegre, v. 23, n. 3, 2010, p. 449-55.

FOUCAULT, M. *Discipline and punish: the birth of the prision.* Nova York: Vintage, 1977.

_____. *Vigiar e punir.* Petrópolis: Vozes, 2009.

_____. *Os anormais.* São Paulo: WMF, 2013.

GARDNER, H.; KORNHABER, M. L.; WAKE, W. K. *Inteligência: múltiplas perspectivas.* Porto Alegre: Artes Médicas, 1998.

GERALDI, J. W. *Portos de passagem.* São Paulo: Martins Fontes, 1997.

_____. "Metilfenidato: o que isso tem a ver com o profissional de Letras?", *Revista Fórum Identidades*, ano 8, v. 15, jan.-jun. 2014

GONÇALVES, L. A.; MELO, S. R. "A base biológica da atenção". *Arquivos de Ciências da Saúde Unipar*, Umuarama, v. 13, n. 1, jan.-abr. 2009, p. 67-71.

GOSWAMI, U. "Reading, dyslexia and the brain". *Educational Research*, v. 50, n. 2, 2008, p. 135-48. Disponível em: <http://moodle.marjon.ac.uk/pluginfile.php/45209/mod_resource/content/2/More%20useful%20journal%20articles%20relating%20to%20Dyslexia/Dyslexia,%20reading%20and%20the%20brain.pdf>. Acesso em: 16 maio 2016.

GRAEFF, R. L.; VAZ, C. E. "Avaliação e diagnóstico do transtorno de déficit de atenção e hiperatividade (TDAH)". *Psicologia USP*, São Paulo, v. 19, n. 3, set. 2008, p. 341-61.

HERNÁNDEZ, E. P. *Desarrollo de los procesos atencionales.* Tese (doutorado em Psicologia), Universidad Complutense de Madrid, Espanha, 2008. Disponível em: <http://eprints.ucm.es/8447/1/T30734.pdf>. Acesso em: 16 maio 2016.

IGNACIO, M. G. *et al.* "Escala Wechsler de Inteligência para Crianças (WISC-III) na investigação do Transtorno do Déficit de Atenção/

Hiperatividade (TDAH)". *Psicologia Hospitalar*, São Paulo, v. 6, n. 2, 2008, p. 61-73.

KOCH, I. V.; CUNHA-LIMA, M. L. "Do cognitivismo ao sociocognitivismo". In: LEITE, S. A. S. (org.). *Afetividade e práticas pedagógicas*. São Paulo: Casa do Psicólogo, 2008.

LEITE, S. "A construção da escola pública democrática: algumas reflexões sobre a política educacional". In: SOUZA, B. (org.). *Orientação à queixa escolar*. São Paulo: Casa do Psicólogo, 2007, p. 281-306.

LEO, J.; COHEN, D. "Broken brains or flawed studies? A critical review of ADHD neuroimaging studies". *The Journal of Mind and Behavior*, v. 24, n. 1, 2003, p. 29-56.

_____. "The truth behind brain scans". *The Journal of Mind and Behavior*, v. 25, n. 2, 2004, p. 161-66.

LOPES, R. M. F. *et al.* "Sensibilidade do WISC-III na identificação do Transtorno de Déficit de Atenção/Hiperatividade(TDAH)". *Cuadernos de Neuropsicología*, Santiago, v. 6, n. 1, 2012.

LURIA, A. R. *Traumatic aphasia: its syndromes, psychology and treatment*. Mouton: The Hague, 1970.

_____. "Vigotskii". In: VIGOTSKII, L. S.; LURIA, A. R.; LEONTIEV, A. N. *Linguagem, desenvolvimento e aprendizagem*. São Paulo: Ícone, 1988, p. 21-37.

_____. *Curso de psicologia geral*. v. III. Rio de Janeiro: Civilização Brasileira, 1991.

MACHADO, M. L. *Grupo de linguagem escrita: uma proposta de intervenção fonoaudiológica*. Dissertação (mestrado em Distúrbios da Comunicação), Universidade Tuiuti do Paraná, Curitiba (PR), 2007.

MACHADO, M. L.; SIGNOR, R. C. F. "Os transtornos funcionais específicos e a educação inclusiva". In: MARCHESAN, I.; SILVA, H.; TOMÉ, M. (orgs.). *Tratado das especialidades em fonoaudiologia*. v. 1. São Paulo: Roca, 2014, p. 506-15.

MANTOAN, M. T. "O direito de ser, sendo diferente, na escola". In: RODRIGUES, D. (org.). *Inclusão e educação: doze olhares sobre a educação inclusiva*. São Paulo: Summus, 2006, p. 183-209.

MARCUSCHI, L. A. *Da fala para a escrita: atividades de retextualização*. São Paulo: Cortez, 2007.

MARTINS, S.; TRAMONTINA, S.; ROHDE, L. A. "Integrando o processo diagnóstico". In: ROHDE, L. A.; MATTOS, P. (orgs.). *Princípios e práticas em TDAH*. Porto Alegre: Artmed, 2003, p. 151-61.

MASINI, L. "Uma nova criança exige uma nova escola". In: COLLARES, C. L.; MOYSÉS, M. A.; RIBEIRO, M. F. (orgs.). *Novas capturas, antigos diagnósticos na era dos transtornos*. Campinas: Mercado de Letras, 2013, p. 181-90.

MASSI, G. *A dislexia em questão*. São Paulo: Plexus, 2007.

MATTOS, P. *No mundo da lua*. São Paulo: Lemos, 2005.

MAYBERRY, R. "The cognitive development of deaf children: recent insights". In: SEGALOWITZ, S. J.; RAPIN, I. (orgs.). *Handbook of neuropsychology*. v. 7. Nova York: Elsevier, 1992

MECACCI, L. *Conhecendo o cérebro*. São Paulo: Nobel, 1987.

MEIRA, M. "Para uma crítica da medicalização na educação". *Revista Semestral da Associação Brasileira de Psicologia Escolar e Educacional*, v. 16, n. 1, jan.-jun. 2012, p. 135-42.

MICARONI, N.; CRENITTE, P.; Ciasca, S. "A prática docente frente à desatenção dos alunos no ensino fundamental". *Revista CEFAC*, v. 12, n. 5, 2010, p. 756-65.

MOYSÉS, M. A. *A institucionalização invisível: crianças que não aprendem na escola*. Campinas: Mercado das Letras, 2001.

MOYSÉS, M. A.; COLLARES, C. A. L. "A história não contada dos distúrbios de aprendizagem". *Caderno Cedes 28 – O sucesso escolar: um desafio pedagógico*. Campinas, 1992, p. 31-48.

_____. "O lado escuro da dislexia e do TDAH". In: FACCI, M. G.; MEIRA, M. E.; TULESKI, S. (orgs.). *Exclusão e inclusão: falsas dicotomias*. São Paulo: Casa do Psicólogo, 2009, p. 321-63.

_____. "Dislexia e TDAH: uma análise a partir da ciência médica". In: CONSELHO REGIONAL DE PSICOLOGIA DE SÃO PAULO (org.). *Medicalização de crianças e adolescentes: conflitos silenciados pela redução de questões sociais a doença de indivíduos*. São Paulo: Casa do Psicólogo, 2011.

_____. "Medicalização: o obscurantismo reinventado". In: COLLARES, C. L.; MOYSÉS, M. A; RIBEIRO, M. F. (orgs.). *Novas capturas, antigos diagnósticos na era dos transtornos*. Campinas: Mercado de Letras, 2013, p. 41-64.

MORATO, E. M. "Linguagem, cultura e cognição: contribuições dos estudos neurolinguísticos". Texto apresentado no Encontro sobre Teoria e Pesquisa em Ensino de Ciências, Universidade Federal de Minas Gerais, Belo Horizonte (MG), 1997.

MURPHY, K.; GORDON, M. "Avaliação de adultos com TDAH". In: BARKLEY, R. (org.). *Transtorno de Déficit de Atenção/Hiperatividade: manual para diagnóstico e tratamento*. Porto Alegre: Artmed, 2006, p. 437-65.

NASCIMENTO, E.; FIGUEIREDO, V. L. "WISC-III e WAIS-III: alterações nas versões originais americanas decorrentes das adaptações para uso no Brasil". *Psicologia: Reflexão e Crítica*, Porto Alegre, v. 15, n. 3, 2002, p. 603-12.

OLIVEIRA, A. *et al.* "Desempenho de escolares com dislexia e transtorno do déficit de atenção e hiperatividade nos processos de leitura". *Revista Brasileira de Crescimento e Desenvolvimento Humano*, v. 21, 2011, p. 301-12.

PATTO, M. H. S. *A produção do fracasso escolar: histórias de submissão e rebeldia*. São Paulo: Casa do Psicólogo, 2010.

PEROZIM, L. "A droga da obediência: entrevista com Maria Aparecida Moysés". *Carta Capital*, São Paulo, 20 fev. 2011.

PLATEAU, S. M. "Tomasello: Aux origines de la cognition humaine". *L'orientation Scolaire et Professionnelle*, v. 35, n. 4, 2006, p. 600-602. Disponível em: <http://osp.revues.org/1232>. Acesso em: 16 maio 2015.

PONZIO, A. "A concepção bakhtiniana do ato como dar um passo". In: BAKHTIN, M. *Para uma filosofia do ato responsável*. São Carlos: Pedro e João, 2010.

REDMOND, S. M. "Conversation profiles of children with ADHD, SLI and typical development". *Clinical Linguistics & Phonetics*, v. 18, n. 2, mar. 2004, p. 107-25.

REGO, T. C. "A indisciplina e o processo educativo: uma análise na perspectiva vygotskiana". In: AQUINO, J. (org.). *Indisciplina na escola: alternativas teóricas e práticas*. São Paulo: Summus, 1996, p. 83-101.

RIEMKE, C. R. *Linguagem abstraída; sujeito silenciado: a ausência de linguagem nos testes de inteligência*. Dissertação (mestrado em Distúrbios da Comunicação). Curitiba: Universidade Tuiuti do Paraná, Curitiba (PR), 2008.

RODRIGUES, D. "Dez ideias (mal)feitas sobre a educação inclusiva". In: RODRIGUES, D. (org.). *Inclusão e educação: doze olhares sobre a educação inclusiva*. São Paulo: Summus, 2006, p. 299-318.

ROHDE, L. A. "Pela precisão do diagnóstico". *Veja*, São Paulo, ed. 2332, ano 46, n. 31, 31 jul. 2013. Entrevista concedida a Adriana Dias Lopes.

RUBIA, K. "The dynamic approach to neurodevelopmental psychiatric disorders: use of FMRI combined with neuropsychology to elucidate the dynamics of psychiatric disorders, exemplified in ADHD and schizophrenia". *Behavioural Brain Research*, v. 130, 2002, p. 47-56.

SANTANA, A. P. *Escrita e afasia*. São Paulo: Plexus, 2002.

_____. *Surdez e linguagem*. São Paulo: Plexus, 2013.

Santana, A. P.; Giroto, C. M.; Martins, S. E. S. O. "PTF para atuação colaborativa com professores de alunos surdos usuários de Libras". In: Pró-Fono (org.). *Planos terapêuticos fonoaudiológicos (PTFs)*, v. 2, 2015, p. 327-36.

Shaw, P. *et al.* "Attention-deficit/hyperactivity disorder is characterized by a delay in cortical maturation". *Current Issue*, v. 104 n. 49, 2007, p. 19649-54.

Signor, R. *Os gêneros do discurso como referenciais para a atuação fonoaudiológica.* Dissertação (mestrado em Linguística), Universidade Federal de Santa Catarina, Florianópolis, 2010.

_____. *O sentido do diagnóstico de Transtorno de Déficit de Atenção e Hiperatividade para a constituição do sujeito/aprendiz.* Tese (doutorado em Linguística), Universidade Federal de Santa Catarina, Florianópolis (SC), 2013.

_____. "Escrever é reescrever: desenvolvendo competências em leitura e escrita no contexto da clínica fonoaudiológica". *Revista Brasileira de Linguística Aplicada*, v. 13, n. 1, 2013, p. 123-43.

Signor, R.; Santana, A. P. "A outra face do TDAH". *Distúrbios da Comunicação*, v. 27, n. 1, 2015, p. 39-54.

Silva, C. *et al.* "Desempenho cognitivo-linguístico e leitura em escolares com transtorno do déficit de atenção e hiperatividade". *Revista Brasileira de Crescimento e Desenvolvimento Humano*, v. 21, n. 3, 2011, p. 849-58.

Silva, M. L. Q. *Desempenho em leitura e escrita de alunos com diagnóstico de TDAH.* Tese (mestrado em Educação). Universidade Federal do Paraná, Curitiba (PR), 2006.

Skliar, C. "A inclusão que é 'nossa' e a diferença que é do 'outro'". In: Rodrigues, D. (org.). *Inclusão e educação: doze olhares sobre a educação inclusiva.* São Paulo: Summus, 2006, p. 15-35

Sobral, A. "Ato/atividade e evento". In: Brait, B. (org.). *Bakhtin: conceitos-chave.* São Paulo: Contexto, 2010, p. 11-37.

Souza, I.; Pinheiro, M. A. "Comorbidades". In: Rohde, L. A.; Mattos, P. (orgs.). *Princípios e práticas em TDAH.* Porto Alegre: Artmed, 2003, p. 85-107.

Szobot, C. M. *et al.* "Neuroimagem no transtorno de déficit de atenção/hiperatividade". *Revista Brasileira de Psiquiatria*, São Paulo, v. 23, supl. 1, maio 2001, p. 32-5.

Szücs, D.; Goswami, U. "Educational neuroscience: defining a new discipline for the study of mental representations". *Mind, Brain, and Education*, v. 1, n. 3, 2007, p. 114-27

TOMASELLO, M. *Origens culturais da aquisição do conhecimento humano.* São Paulo: Martins Fontes, 2003.

"1 EM CADA TRÊS professores têm problemas para lidar com alunos, indica levantamento". iG São Paulo, 14 abr. 2015.

UNTOIGLICH, G. "Usos biopolíticos do suposto Transtorno de Déficit de Atenção e Hiperatividade: que lugar para o sofrimento psíquico na infância?" In: COLLARES, C. L.; MOYSÉS, M. A.; RIBEIRO, M. F. (orgs.). *Novas capturas, antigos diagnósticos na era dos transtornos.* Campinas: Mercado de Letras, 2013, p. 119-32.

VALENZA, C. "Mau rendimento escolar pode indicar problema de saúde". *Gazeta do Povo*, 26 fev. 2007.

VIGOTSKI, L. S. *Teoria e método em psicologia.* São Paulo: Martins Fontes, 2004.

_____. *A formação social da mente.* 2. ed. São Paulo: Martins Fontes, 2007.

_____. *Psicologia pedagógica.* São Paulo: Martins Fontes, 2010.

VOLKOW, N. D. et al. "Therapeutic doses of oral methylphenidate significantly increase extracelular dopamine in the human brain". *The Jornal of Neuroscience*, v. 21, 2001.

WAJNSZTEJN, R. "O Transtorno de Déficit de Atenção e Hiperatividade e suas implicações no processo de aprendizado". Curso de curta duração. CEFAC, 2012.

WAKEFIELD, J. C.; HORWITZ, A. V. *A tristeza perdida – Como a psiquiatria transformou a depressão em moda.* São Paulo: Summus, 2010.

WEXLER, B. E. "Neuroplasticity, cultural evolution and cultural difference". *Official Journal of World Association of Cultural Psychiatry*, v. 5, n. 1, 2010, p. 11-12. Disponível em: <http://www.wcprr.org/wp-content/uploads/2012/03/vol-5-n.-1-2.pdf>. Acesso em: 16 maio 2016.

ZANTO, T. P.; GAZZALEY, A. "Attention and ageing". In: NOBRE, A. C.; KASTNER, S. (orgs.). *The Oxford handbook of attention.* Nova York: Oxford University Press, 2014. Disponível em: <http://gazzaleylab.ucsf.edu/wp-content/uploads/2014/09/oxfordhb-Attention-and-Aging.pdf>. Acesso em: 16 maio 2016.

www.gruposummus.com.br

IMPRESSO NA GRÁFICA sumago
sumago gráfica editorial ltda
rua itauna, 789 vila maria
02111-031 são paulo sp
tel e fax 11 **2955 5636**
sumago@sumago.com.br